La petite fille du Vel d'Hiv

Annette Muller

Annette Muller est née en 1933 de parents juifs polonais, immigrés à Paris. En juillet 1942, elle est arrêtée avec sa mère et son jeune frère Michel. Enfermés au Vel d'Hiv, ils sont tous les trois internés dans le camp d'internement de Beaune-la-Rolande. Arrachée à ses enfants, leur mère est déportée à Auschwitz. Comme des milliers d'enfants, Annette et Michel vont alors rester seuls dans ce camp. Ils sont ensuite transférés dans celui de Drancy. Son père arrive à les en faire sortir, ce qui leur sauve la vie. Annette sera ensuite cachée dans un orphelinat catholique jusqu'à la fin de la guerre.

Annette Muller

La petite fille du Vel d'Hiv

L'éditeur remercie le Cercil et tout particulièrement Nathalie Grenon
pour leur collaboration et leur immense disponibilité.

Photos de couverture : plat 1 © Cercil Archives Famille Muller –
plat 4 © Cercil

Ce récit d'Annette Muller, jusqu'à sa sortie de l'asile Lamarck,
a été publié par les Éditions Denoël en 1991.
La suite du texte, accompagnée de nombreux documents d'archives,
de textes historiques et du témoignage du père d'Annette, Manek Muller,
a été publiée par les Éditions Cercil en 2009 dans un ouvrage intitulé
Annette Muller, la petite fille du Vel d'Hiv.

© Hachette Livre, 2012.
© Librairie Générale Française, 2012, pour la présente édition.
Hachette Livre, 43 quai de Grenelle, 75015 Paris.

« Je voulais juste qu'on parle des enfants…

« … car on n'en parlait jamais, dit Annette. Dans les années 70, rien, dans l'espace public, aucune plaque, aucune liste de noms, ne rappelait leur histoire. Et on ne parlait pas non plus des camps d'internement, de Pithiviers, de Beaune-la-Rolande. Dans les livres, les articles de presse, on avait l'impression que les victimes de la rafle du Vel d'Hiv étaient parties directement vers Drancy et Auschwitz. Tout éludait la responsabilité de Vichy dans l'internement puis la déportation des enfants. »

Elle raconte des colères : le jour où, quand elle a voulu intervenir lors d'un débat suivant la projection du film *Les guichets du Louvre* (1974), personne ne l'a écoutée. Ou quand, lors de ses démarches pour obtenir la carte d'internée, on lui a demandé si elle avait les preuves de ce qu'elle racontait. Ou encore, le jour de la commémoration du Vel d'Hiv, lorsqu'un ancien déporté, à qui elle racontait qu'elle avait été internée là, lui avait dit : « Tu as de la chance, tu es vivante… »
Elle entendait aussi : « Les enfants n'ont pas de mémoire… », ou bien « Les enfants ne souffrent pas… »

Elle s'est alors dit que, puisqu'on n'écoutait pas son histoire, peut-être, si elle l'écrivait…

Les souvenirs étaient là, brillants, précis : la brutalité de l'arrestation, les gendarmes à Beaune-la-Rolande, la violence extrême de la séparation d'avec leur mère, le départ vers Drancy. Elle entendait encore les coups violents des policiers le 16 juillet 1942. Elle avait dans l'oreille les hurlements de désespoir de la mère du petit Henri, deux ans, rencontré sur les bancs du Vel d'Hiv, mort au camp de Beaune le 27 juillet.

Elle a eu besoin de retrouver les lieux, « pour être sûre », dit-elle. Elle est allée au cimetière de Beaune-la-Rolande : elle a retrouvé, écrit sur une dalle de pierre grise et parmi quelques noms, celui de l'enfant. « Devant ce monument où seuls quelques noms sont gravés, tous mes souvenirs se sont concrétisés », dit-elle.

Quand elle est revenue, elle était prête à écrire.

Elle avait le livre dans la tête depuis longtemps, elle l'a donc rédigé en très peu de temps, au cours de l'année 1976. Alors fonctionnaire dans une mairie, elle tapait le midi le texte écrit la veille, après le travail. C'est toute son histoire qu'elle raconte alors, d'une seule traite, y compris après sa sortie de Drancy, l'asile Lamarck, l'orphelinat catholique, la maison d'enfants du Mans, restituant le regard de l'enfant qu'elle était, dans la fraîcheur violente de souvenirs terribles, comme si ces moments n'avaient jamais glissé dans le passé...

Une fois son récit terminé, elle a fait des photocopies, elle a cherché dans le Bottin des adresses d'éditeurs et leur a envoyé le manuscrit. Toutes les réponses ont été négatives : « C'est très émouvant, madame, mais ça n'intéressera personne. » Des refus, donc, explicites ou formulés de façon moins directe...

Elle a abandonné. Pas le temps, le travail, les enfants…, le découragement. Elle ne s'est plus occupée du manuscrit. Son mari a tout de même déposé celui-ci au CDJC[1], qui à plusieurs reprises a sollicité Annette pour rencontrer des historiens, étrangers surtout.

En 1983, Serge Klarsfeld a publié un fragment de son témoignage dans son ouvrage *Vichy-Auschwitz*. Elle a été contente de la photo du policier français sur la couverture, et du sous-titre « le rôle de Vichy dans la solution finale de la question juive en France ». Enfin…

Et puis, en 1987, il y a eu le procès Barbie, le film *Au revoir les enfants* : « on a commencé à s'intéresser aux enfants », dit-elle. Et donc à son témoignage. Les sollicitations ont alors été nombreuses, des journaux, de la TV. Elle évoque en particulier l'émission « Résistances ».

Mais on parlait toujours aussi peu des camps d'internement.

Cédant à l'insistance d'une amie journaliste, elle a de nouveau envoyé son manuscrit à quelques éditeurs. Denoël a répondu, mais ne souhaitait publier que la première partie. Elle a accepté, même si elle regrettait ce choix, puisque son récit formait un tout, dit-elle. Mais c'était déjà bien…

Le livre est paru en 1991 sous le titre *La Petite Fille du Vel d'Hiv*[2].

Il a été bien accueilli : beaucoup d'articles, de courriers, la célèbre émission « La Marche du siècle ». Un jour, un de ses fils, un peu gêné de ce retentissement, lui a téléphoné : « On

---

1. Centre de documentation juive contemporaine. (N.d.É.).
2. En 1992, son frère Michel écrit le scénario d'un film réalisé par Maurice Frydland : *Les Enfants du Vel d'Hiv*.

dirait que tu souhaites que la terre entière sache ce qui t'est arrivé… » Elle lui a répondu : « C'est exactement ça, tu as touché juste… »

Depuis, Annette témoigne dans de nombreux établissements scolaires, répondant en particulier aux sollicitations du Cercil, qui fait une large place à son témoignage dans ses expositions et documents pédagogiques. Elle est au cœur de l'exposition présentée au Musée-Mémorial des enfants du Vel d'Hiv, inauguré en janvier 2011 à Orléans : elle y incarne ce qu'a été le calvaire de ces milliers d'enfants du Vel d'Hiv arrêtés, brutalisés, séparés de leur mère que pour la plupart ils n'ont jamais revue, cachés, ballotés d'institutions en institutions, à jamais traumatisés…

En 2009, nous avons souhaité publier l'intégralité du récit d'Annette. Le texte de La petite fille du Vel d'Hiv, tel qu'il a été publié chez Denoël en 1991, est donc suivi de son récit sur l'asile Lamarck, puis sur l'orphelinat catholique où elle a été cachée jusqu'en 1945, enfin sur la maison d'enfants où elle est restée jusqu'en 1947. Nous remercions les éditions Hachette du beau travail accompli pour cette nouvelle édition, présentée à l'occasion du 70e anniversaire de la rafle du Vel d'Hiv.

Des documents familiaux, lettres et surtout des photos, confiés par Annette et ses frères, donnent à voir les visages, les corps, les paysages. Des pièces d'archives restituent le contexte administratif, terrible dans sa froideur et sa précision, toute d'indifférence.

Hélène Mouchard-Zay
Présidente du Cercil

Cercil/Musée-Mémorial des enfants du Vel d'Hiv

Entre 1941 et 1943, plus de 16 000 juifs, dont près de 4 500 enfants, ont été internés dans les camps de Pithiviers et Beaune-la-Rolande, avant d'être déportés et assassinés à Auschwitz-Birkenau. En 1942, huit convois sont partis directement des gares de Beaune-la-Rolande et de Pithiviers pour Auschwitz.

Dans le camp de Jargeau, entre 1941 et décembre 1945, 1 190 tsiganes, dont 700 enfants, ont été internés.

Créé il y a vingt ans, le Cercil est installé dans de nouveaux locaux qui lui permettent de poursuivre, en l'amplifiant, le travail – de recherche, de recueil de témoignages, de pédagogie – mené pendant toutes ces années, et surtout d'accueillir un large public, en particulier le public scolaire.

Dans cette ancienne petite école maternelle désormais aménagée en Musée-Mémorial, il propose une exposition permanente, où l'on peut voir de nombreux documents d'archives et des photographies, entendre des témoignages, visionner des vidéos...

Dans une salle dédiée à leur mémoire, le Mémorial des enfants du Vel d'Hiv, est inscrit le nom – et la photo, quand elle existe – de chacun des 4 500 enfants juifs internés dans ces camps et assassinés à Auschwitz.

Un pôle pédagogique, animé par deux professeurs mis à disposition par l'Éducation nationale et des médiateurs, est un interlocuteur privilégié pour les enseignants. Sont organisés des visites sur le site de Pithiviers, des ateliers pédagogiques, notamment autour du récit d'Annette Muller, des visites interactives de l'exposition permanente, des rencontres avec des témoins.

Cercil/Musée-Mémorial des enfants du Vel d'Hiv
45 rue du Bourdon-Blanc 45000 Orléans – 02 38 42 03 91
cercil@cercil.eu – www.cercil.fr
Ouvert du mardi au dimanche de 14h à 18h, le lundi sur rendez-vous.
Nocturne le mardi jusqu'à 20h. Fermé le samedi.
Pour les groupes, tous les jours sur rendez-vous.

À Rachel Muller,
ma mère,
dont il reste
un nom gravé
sur le monument de Beaune-la-Rolande

Aujourd'hui, je suis allée au cimetière de Beaune-la-Rolande
Tant d'années après
Une force étrange m'y poussait
J'ai erré parmi les tombes certaines très anciennes
Une à une je les regardais
Je cherchais un nom, un souvenir
Avait-il seulement existé ?

Et soudain, dans un coin
Écarté et triste
J'ai vu une dalle de pierre grise
Et parmi quelques noms
Le sien était écrit
C'était lui, je le savais
Henri
1940 – 27 juillet 1942

Henri
Mon joyeux lutin du Vel d'Hiv
Henri aux joues roses, aux boucles brunes
Mon petit voisin rieur
Des nuits et des jours, dans le bruit et les cris
Dans l'ordure et la puanteur
Assis près de moi sur le gradin
Sa mère si belle l'enlaçant tendrement
Sur les gradins du Vel d'Hiv

Henri, deux ans, le premier enfant mort du camp
Avant les milliers d'autres…
Mais lui est resté à Beaune
Il n'a jamais pris le train
Conduisant au long voyage

Et moi, couchée sur la paille pourrissante
Balayée par les phares blancs des miradors
Je me souviens, j'avais neuf ans,
Toute la nuit, sa mère hurlant folle
À Beaune-la-Rolande

De la Pologne à Paris (1929-1939)

Mes parents se sont installés en France en 1929. Ils venaient de Pologne, de la province de Galicie, une région très pauvre.

Les gens y exerçaient des petits métiers. Déjà, les Juifs polonais qui, vers les années 1930 formaient la dernière vague d'émigrés, étaient considérés comme étant bien en dessous des Juifs russes ou allemands arrivés en France plus tôt et complètement ignorés des Juifs français, parfaitement assimilés, véritables « aristocrates », honteux de l'accent yiddish de leurs coreligionnaires, mais de plus ceux de Galicie étaient vraiment tout en bas de l'échelle des originaires de Pologne.

Les parents de mon père étaient meuniers.
Dans leur village, c'était des gens importants et respectés. Des koulaks, comme on disait, des propriétaires terriens. Ma grand-mère paternelle avait perdu son mari très jeune, mort

de tuberculose après lui avoir fait sept garçons et une fille, Anna, la préférée de mon père qui tint à me donner son nom à ma naissance.

Ma grand-mère tenait la maison fermement, jamais on ne la voyait couchée, levée la première, au lit la dernière, toute la journée elle s'activait. Mon père était un jeune homme élégant qui aimait plaire aux paysannes du village. Il en invita une chez lui. « Laisse-moi toucher tes seins, lui dit-il, je te laisserai lécher le sucre. » Le bloc de sucre était suspendu par une ficelle au plafond de la cuisine. Elle accepta, bien sûr, le sucre, en Pologne, était une denrée rare et précieuse.

Mon père aurait voulu étudier, mais, étant parmi les aînés, il dut apprendre un métier. C'était le travail des aînés qui permettait aux cadets d'étudier. Il devint apprenti tailleur tandis que son jeune frère, Pierre, qui vint le rejoindre à Paris, poursuivait des études d'électricien, profession noble parce qu'inhabituelle chez les Juifs. L'électricien, c'est l'intellectuel du bâtiment. C'était presque aussi bien que les professions libérales comme docteur ou professeur dont les Juifs avaient le culte. Pas un qui ne rêvait de voir ses enfants exercer plus tard ces beaux métiers.

De mon grand-père paternel, je ne sais pas grand-chose, si ce n'est qu'ayant retrouvé l'oncle Pierre dans le grenier où il tentait de se pendre après une scène de reproches, il l'avait roué de coups pour lui redonner le goût de vivre. Très sévère, il appliquait un système d'éducation le fouet à la main.

La famille de ma mère était très religieuse. Il y avait six enfants.

Un seul, émigré en Amérique, est resté vivant après la guerre.

C'étaient des gens extrêmement pauvres. Mon grand-père était bossu, conséquence d'une chute grave mal soignée quand il était enfant.

Ma grand-mère n'avait pas de nez. On disait qu'elle avait été une belle jeune fille. Elle devait se marier et tous se réjouissaient de son bonheur. Un jour, voulant prendre des assiettes sur une étagère, elle est tombée d'un tabouret. Son nez blessé s'est infecté jusqu'à être complètement rongé. Le fiancé s'est enfui. Grand-mère était devenue hideuse. Elle a épousé mon grand-père bossu, unissant ainsi leurs deux disgrâces.

Grand-père était violoneux. Il animait les mariages en jouant du violon et en racontant des histoires drôles. Cela lui permettait d'élever ses trois garçons et ses trois filles.

Mon père avait dix-sept ans quand il devint amoureux de ma mère.

Il fréquentait un cercle de jeunes socialistes et était peu respectueux des traditions religieuses. Le jour du Grand Pardon, habillé comme un dandy, faisant virevolter une badine, il se promena dans les rues de la ville avec ma mère. Quand elle rentra chez elle, elle fut accueillie par toute la famille, frères et parents, par des vociférations, des gifles et des coups de poing. Couverte de sang et de bleus, elle se traîna misérablement jusqu'à la maison de mon père. Devant l'attitude froide et désapprobatrice de ma grand-mère paternelle, ils décidèrent tous deux de partir pour la France.

À peine Henri était-il né, quelques mois après leur arrivée à Paris, que ma mère se retrouva enceinte. Mon père avait vingt ans, ma mère vingt et un, bientôt quatre bouches à nourrir, étrangers dans un pays dont ils ne connaissaient pas la langue. Il y avait la crise, le chômage, la misère. C'était trop dur. Mon père se réconcilia avec ma grand-mère paternelle qui accepta de recevoir en Pologne ma mère et Henri, le temps que mon père trouve du travail et gagne suffisamment d'argent pour les faire revenir en France.

En 1931, la situation s'améliora. Mon père trouva un emploi à Saint-Quentin dans l'Aisne. Allégé du fardeau familial, il s'attela à la machine à coudre, travaillant jour et nuit, mangeant peu, si bien qu'à son retour ma mère eut peine à le reconnaître tant il était devenu maigre.

Ma mère revint de Pologne en novembre 1931, si fortement enceinte que les douleurs la prirent dans le train. Elle accoucha de justesse à Saint-Quentin. Jean était très fier de son lieu de naissance, ça le singularisait par rapport aux autres enfants d'immigrés qui, pour la plupart, étaient nés à Paris. Lui se sentait des racines provinciales comme un vrai Français. C'était d'autant plus étonnant que, outre qu'il s'appelait Isaac pour l'état civil – Jean était le prénom qu'on lui donnait en famille –, il avait les traits les plus sémitiques de nous quatre, brun, frisé, le nez fort, recourbé en bec d'aigle. Au point qu'à une séance de cinéma où nous étions allés, tous deux, dans les années 1948 – Jean avait alors seize ans – voir *Oliver Twist*, film dans lequel un ignoble vieux Juif torture le pauvre Oliver, une spectatrice assise derrière nous s'en prit à Jean à l'issue de la séance : « Sale petit youpin[1] pourri, espèce de nez crochu, on aurait dû tous vous faire cramer. » C'était une femme sensible. Les malheurs d'Oliver Twist l'avaient mise hors d'elle.

Je suis née en 1933, Michel, le dernier de nous quatre, en 1935.

Toute petite, j'étais jalouse de Michel. Mon premier souvenir est très lointain. Nous habitions rue des Envierges, dans le XXe arrondissement à Paris. Mes parents trouvèrent un logement plus confortable au 3, rue de l'Avenir, dans le même arrondissement. Le jour du déménagement, profitant de l'effervescence et du tourbillon général, j'avais enfermé Michel dans le tiroir du bas de l'armoire. On avait mis longtemps à le retrouver. J'espérais qu'ainsi caché on l'oublierait.

Je désirais surtout son biberon. Un matin où ma mère le tenait dans sa main, prête à le donner à mon frère, je me suis précipitée avec une telle violence que le verre s'est brisé, m'entaillant profondément deux doigts de la main droite. Affolée, ma mère m'a portée dans ses bras jusqu'à la pharmacie où l'on me mit un énorme bandage. J'étais bien. On m'entourait, me parlait doucement.

Des années durant, j'ai aimé les pansements et j'enviais les camarades d'école qui avaient le bras dans le plâtre, maintenu

---

1. Youpin : terme péjoratif pour juif.

par une écharpe. Outre le biberon de Michel, je jalousais aussi son landau. Le soir, je m'endormais m'imaginant couchée dans la poussette d'enfant et ma mère me berçant.

Je pleurais beaucoup. Je pleurais tant que mon père devait coucher à l'hôtel plusieurs fois la semaine afin de récupérer des heures de sommeil pour pouvoir travailler. De plus, comme j'étais la seule fille, mes frères en profitaient. Ils me taquinaient, me tiraient les cheveux, si fort qu'ils provoquèrent un décollement du cuir chevelu. De retour de chez le médecin où il m'avait emmenée, mon père avait empoigné les deux aînés par les cheveux et leur avait fait faire le tour de la chambre, sans pitié pour leurs cris. « Chaque fois que je vous verrai toucher la tête d'Annette, je vous tirerai par les cheveux moi-même, c'est compris ! » avait-il promis aux garçons.

Michel et moi fûmes mis en nourrice à la campagne. Il y avait un gros cheval noir et paisible sur lequel on m'avait fait asseoir. Michel dormait près de mon lit, dans un berceau surmonté de voiles blancs. Ma mère était venue nous voir. Avant de sortir avec la nourrice, elles me recommandèrent d'être sage, de ne pas bouger du lit. À Paris, je me sauvais souvent dans la rue et errais à demi nue, jusqu'à ce qu'on me retrouve. Ma mère et la nourrice parties, j'ai eu envie de faire pipi. J'appelle. Personne ne répond, Michel dort dans son berceau. Que faire, interdiction de sortir du lit et interdiction de faire pipi au lit ?

Je craignais la sévérité de la nourrice. Une idée me vint. On ne m'avait rien défendu pour l'oreiller et, soulagée, je fis pipi dessus. Je n'ai pas compris la colère des deux femmes. J'avais essayé de faire pour le mieux afin de ne pas désobéir. Cela me laissa le souvenir d'une profonde injustice.

J'avais souvent l'impression d'être en faute. Mes parents recevaient des amis, Michel rampait sur le parquet pour essayer de se glisser sous les jupes des femmes, endroit qu'il affectionnait, moi j'arrivais, triomphante, tenant dans mes mains ma culotte mouillée : « J'ai fait pipi dans ma culotte ! » Mais je voyais des visages gênés.

Un jour que nous jouions seuls dans la chambre, un meuble s'est renversé sur Michel. Terrifiée par ses cris, j'ai vu avec horreur deux énormes bosses apparaître sur son front. Ma mère, revenue des courses, me fessa. J'étais la coupable. J'aurais dû surveiller mon frère. J'avais voulu aussi lui couper ses boucles de fille. Michel, content, se laissait faire. Armée des grands ciseaux de tailleur de mon père, j'ai taillé la chevelure blonde. Devant la tête déplumée de Michel, j'ai eu soudain peur d'avoir contrarié ma mère. J'ai caché les cheveux sous le lit, espérant qu'elle ne s'apercevrait de rien. Mais sa colère fut terrible.

Seule parmi mes trois frères, j'éprouvais une sorte de menace liée à ma condition de fille. J'avais voulu aller sur le pot, dans le fond duquel ma mère avait laissé de l'eau de Javel. À peine assise, je ressens une brûlure violente et me précipite en hurlant vers ma mère. « Ce n'est rien, t'en verras d'autres plus tard, ma pauvre fille », me dit-elle d'un ton étrange. Qu'est-ce que je verrais plus tard ? Qu'allait-il m'arriver de redoutable ?

Je me sentais fautive. J'avais dû faire quelque chose de mal et je devais être punie.

Je me réfugiais sous la console ronde de la salle à manger-atelier où, dissimulée par la nappe, je me sentais protégée. Ou bien je sortais un des larges tiroirs du bas du buffet, le vidais de son contenu et m'asseyais dedans, m'imaginant être à l'abri dans ma petite maison où personne ne pouvait entrer. J'aimais la salle à manger. Elle servait d'atelier et de chambre à coucher à mes parents. Toute la journée, mon père et ma mère faisaient ronronner les deux machines à coudre électriques. Le sol était jonché de petits bouts de tissu de formes et de tailles diverses que j'emportais avec moi, dans mon tiroir. Mes frères me surnommaient Schloratz, chiffonnière en yiddish, qu'ils alternaient avec Pipké, pipi, depuis que, brûlée par l'eau de Javel, j'avais crié « mon pipké » en me précipitant vers ma mère. Ils ne disaient jamais Annette, mais psalmodiaient : « Anita, Canada, Pipké, Schloratz ! »

Il y avait dans la pièce une odeur d'huile de machine, de toile amidonnée et de vapeur. Deux gros fers chauffaient en permanence sur des réchauds à gaz, dans le coin de la vaste table à repasser sur laquelle on mangeait en la recouvrant d'une toile cirée. La salle à manger contenait encore le divan-lit bleu pelucheux de mes parents, une cheminée où était posée une statuette de bronze : une femme à demi nue, couchée, un chien à ses pieds ; un poêle sur lequel on mettait une bouilloire chaude, toujours prête pour le thé, la console ronde qui servait de desserte et le grand buffet, avec en haut la niche aux biscuits et chocolat du goûter, en bas les tiroirs dont le premier était rempli de photos et objets fascinants qu'on m'interdisait de toucher. C'était là qu'étaient rangés les tefilins de mon père, longue ceinture fine en cuir avec des petites plaques carrées et un châle soyeux avec des franges. Mon père m'avait expliqué qu'on les utilisait pour dire les prières juives. Il m'avait montré comment on enroulait les tefilins autour du bras et avait mis le châle sur ses épaules.

Sur les murs de la salle à manger, ainsi que sur ceux du couloir d'entrée, des gravures sur bois représentaient la campagne polonaise.

Le dimanche, c'était jour de fête. Il y avait dans la maison une odeur chaude de gâteau au chocolat et à la cannelle qu'on prenait avec le café au lait ou le Banania. Ma mère installait devant le poêle une grande baignoire de zinc où nous plongions deux par deux. Elle nous savonnait vigoureusement et mon père nous enveloppait dans des serviettes tièdes. Après le bain, mon père s'asseyait sur le divan bleu pour le cérémonial habituel qui consistait à embrasser le petit doigt de pied de Michel. Frémissant, il tendait son pied potelé, mon père faisait semblant de chercher le petit doigt, enfin le découvrait et y déposait un baiser au milieu de nos rires de joie. Puis, pendant que ma mère nettoyait la pièce, mon père nous racontait une histoire, invariablement la même, dont il faisait durer le début, jouissant de notre énervement. Nous l'entourions tous quatre, accrochés à son dos, son cou ou assis sur ses genoux.

Plus tard, maman nous emmena aux douches municipales. Nous traversions la place où parfois tournoyaient les manèges, contournions la fontaine ronde et élancée, au centre de laquelle s'écoulait un mince filet d'eau. Nous entrions à cinq dans la cabine fumante. Ma mère, en maillot de bain, nous frictionnait en fredonnant, sans tenir compte de nos protestations. De partout fusaient les chants joyeux et sifflements repris de cabine en cabine. C'est dans les douches municipales qu'on apprenait la dernière rengaine en vogue.

Les cheveux mouillés, frais, rouges et propres, on rentrait à la maison revêtir nos habits du dimanche, mes frères leur costume golf en tweed et moi ma jupe plissée blanche et ma tunique bleue à col marin.

Le dimanche après-midi, mes parents faisaient la sieste. Nous restions à jouer dehors, rue de l'Avenir. Tous les gosses du quartier venaient s'y retrouver.

Nous passions de longs moments, assis sur le trottoir, à enfiler des perles minuscules pour en faire des colliers à double ou triple rang, ces colliers très à la mode dont se paraient les femmes. Maman venait nous rejoindre, apportant un tricot dont elle expliquait les points compliqués aux enfants admiratifs. Nous allions aussi au numéro 5, dans l'atelier d'un homme massif, au visage rose et rieur, qui construisait des avions miniatures et des cerfs-volants en papier. Il nous laissait entrer dans la pièce vaste et sombre, s'amusant de notre curiosité. Puis il sortait avec nous sur le trottoir, lançait un petit avion vers le ciel qui planait un moment avant de redescendre majestueusement vers nous.

La rue de l'Avenir était bruyante et animée. Nous y dessinions des marelles et les boîtes rondes et plates de pastilles vides qu'on poussait du pied résonnaient sur les gros pavés. Au coin, donnant sur la rue Pixerécourt, il y avait la pharmacie avec, dans la vitrine, ses grands bocaux mystérieux.

En cul-de-sac, fermant la rue, l'imposante maison du directeur de l'école de garçons. Un jour, en 1941, il était monté à la maison : « Honneur à la famille Muller », avait-il dit à ma mère rougissante. « Vos trois garçons sont chacun premier de leur classe. Je tiens à vous féliciter personnellement. »

On entendait souvent le cri du vitrier : « Vitrier ! Vitrier ! » qui portait des carreaux sur son dos ou du « Marchand d'habits... chiffons ! » traînant sa carriole autour de laquelle se pressaient les ménagères ou encore du rémouleur actionnant rapidement sa roue sous les couteaux et les gros ciseaux de tailleur que nous lui apportions. Mais ce que nous préférions, c'étaient les chanteurs des rues, hommes à l'aspect triste, femmes au corps flasque, aux vêtements usés et sales, qui chantaient des complaintes lugubres devant les fenêtres fermées. Peu à peu, les fenêtres s'ouvraient et les piécettes pleuvaient sur le trottoir, aussitôt ramassées et enfouies au fond des larges poches. « Merci, m'sieurs-dames », disaient les chanteurs des rues quand la récolte était bonne et ils s'en allaient tandis que les enfants reprenaient la complainte d'une voix claironnante.

J'aimais tendrement mon père. Être sur ses genoux, dans ses bras. M'asseoir sur ses épaules quand nous nous promenions. Je ne voulais jamais le quitter. Même quand il allait aux cabinets, je le suppliais de me laisser entrer avec lui, avec mon petit pot. Un jour qu'il était allé livrer des vestes, j'ai voulu lui faire une surprise agréable. J'ai pris les paquets de tissus préparés sur la machine à coudre pour les ranger par ordre de taille. Mon père, à son retour, était fou de rage. J'avais, croyant bien faire, saccagé des heures de travail patient et minutieux.

Mes parents travaillaient pour un confectionneur. Ils étaient constamment tenus par les délais de livraison. Quand ma mère jouait avec nous, elle s'arrêtait tout à coup : « Il faut que j'aille travailler. On doit livrer. »
Une fois, essoufflée après une poursuite joyeuse, je lui avais demandé : « Quand t'arrêteras-tu de travailler pour jouer toujours avec nous ? – Mais toute la vie, on doit travailler, m'avait-elle répondu. Si on s'arrête, on n'a plus d'argent pour acheter à manger. » Cela m'avait frappée. Je croyais que les grandes personnes travaillaient juste le temps de gagner suffisamment de sous pour s'arrêter définitivement et s'amuser avec leurs enfants.
Le soir, ma mère se couchait un moment avec nous dans le lit de mes frères aînés. Deux à la tête, trois au pied du lit. Elle nous racontait des histoires, la Bible, Adame et Eva, comme elle disait ou jouait avec nous à des jeux complexes de calcul mental dans lesquels elle excellait. Je l'admirais, elle connaissait tout. Je revenais du marché avec elle, trottinant pour aller à son pas. Soudain j'ai senti mon cœur battre fort dans ma poitrine. J'ai crié : « Maman, arrête, je vais mourir, mon cœur

bat ! » J'avais vaguement entendu dire que les battements du cœur avaient un rapport avec la vie et la mort, mais j'avais tout compris à l'envers. Ma mère avait ri et m'avait rassurée.

J'étais très crédule. On pouvait me faire croire n'importe quoi. Les fées, les magiciens, les poupées qui parlent un langage secret, je croyais tout.

Un jour, Henri s'était caché sous le lit et, déguisant sa voix, avait répondu aux questions que je posais à ma poupée. Depuis, je savais qu'elle était vivante et il suffisait que ma mère invente une réflexion qu'elle avait prétendument faite pour que je consente à avaler ma cuillerée quotidienne d'huile de foie de morue au goût et à l'odeur infects. Avant de m'endormir, mes frères, s'amusant de ma crédulité, évoquaient des histoires horribles de fantômes dissimulés dans la cheminée ou les cabinets tandis que, terrorisée, j'épiais dans l'obscurité les figures de cauchemar qui allaient hanter mon sommeil.

J'allais à l'école maternelle. J'ai cru un soir que ma mère m'avait oubliée.

Que j'étais abandonnée. Elle n'était pas là avec les autres mères à la sortie de l'école. Tout le monde était parti et moi, assise sur un banc dans l'entrée, pleurant, j'étais restée seule, longtemps. Enfin elle était arrivée, m'avait serrée dans ses bras. Dehors, c'était la nuit. Nous avons marché dans les rues.

Devant un café illuminé, il y avait un attroupement, des bruits de voix, des rires. Un homme, monté sur des échasses, immense, est sorti du café. Il s'est mis à chanter, un chant lointain, qui semblait se perdre dans le ciel noir.

J'avais terriblement peur de l'orage. Surtout à la campagne. Je hurlais sous le tonnerre ou bien fuyais droit devant moi, éperdue, sous la pluie. Je courais, je courais dans le bruit fracassant, les grondements, les éclairs déchirant le ciel sombre. Un jour d'orage, ma mère m'enveloppa dans ses bras, toute tremblante et m'obligea à regarder par la fenêtre, me montrant les éclairs étincelants qui traversaient le ciel. « Regarde comme c'est beau », disait-elle, de sa voix tendre et rassurante.

Chaque semaine, portant un grand sac de linge, elle allait au lavoir, près des douches municipales. J'aimais l'accompagner. C'était un vaste hall au sol gras et glissant, rempli de courants d'air et de vapeur. Nous prenions place devant les bacs fumants. Les femmes s'interpellaient en étalant les chemises et serviettes sur les planches à laver, brossant et tapant à grands coups, faisant sortir du linge une mousse crasseuse et savonneuse qui s'égouttait dans le bac où je trempais mes mains. Avant de rentrer à la maison, nous faisions un détour par la poissonnerie juive où ma mère achetait la carpe et le halva enveloppé dans du papier argenté, friandise sucrée et écœurante dont je raffolais. Ensuite, nous prenions la brioche nattée au raisin à la boulangerie et un pain noir carré qui ressemblait au pain d'épice, mais dont je détestais le goût fort et piquant.

Les vendeuses s'exclamaient en yiddish, complimentant ma mère sur ma bonne mine, demandant des nouvelles des autres enfants. Ma mère riait, se rengorgeait, payait et nous sortions dans la rue animée, moi serrant fortement sa main dans la mienne. J'aimais parcourir la ville avec elle. Nous passions par la rue de Ménilmontant toujours pleine de monde. Les marchands, devant des petites carrioles, proposaient des fruits, les boutiques étalaient des viandes et des fromages. Sur le bord du trottoir, assises, on voyait des femmes, leurs gros seins nus sortis du corsage, donner à téter à des bébés goulus.

Ma mère était gaie et pétulante, rendant visite aux voisins, offrant volontiers des gâteaux de sa fabrication, des fruits, des vêtements. Tout le quartier la connaissait et venait la saluer, le sourire aux lèvres. Elle était belle, les cheveux noirs, bouclés, les yeux bruns et vifs, le corps épanoui, la poitrine généreuse. Coquette, elle appréciait les robes élégantes, les bijoux. Mes camarades d'école avaient remarqué : « Comment se fait-il qu'avec une mère si belle, toi tu sois si moche ! » J'étais, en effet, chétive et pâle. Quand ma mère me sortait, elle me fardait les joues de poudre rose pour aviver mon teint.

J'étais de santé fragile. Il fallait me forcer à manger. Les repas duraient interminablement. « Manche ! Manche ! » criait ma mère, au lieu de « mange » qu'elle n'arrivait pas à prononcer. Elle essayait de glisser la cuillère entre mes dents serrées. « Manche ! Manche ! » répétait-elle et mes frères, du bout des lèvres, chantonnaient « à balai ! à balai ! ». Moi, les larmes aux yeux, je rêvais de creuser un trou dans le bois épais de la table pour y recracher les morceaux de foie sanguinolents qu'on m'obligeait à avaler. « Tu verras, me disait ma mère, plus tard, tu auras faim et tu regretteras. » Elle disait souvent « plus tard, tu regretteras ». Elle me le disait le matin en peignant mes longues anglaises, quand je me révoltais sous le peigne douloureux : « Coupe-moi les cheveux à ras, tu me fais mal ! »

Ma mère adorait coiffer. Les jeunes filles venaient nombreuses à la maison, le samedi, se faire peigner. J'entendais leurs rires résonner dans la chambre. Elles marchaient en se tortillant sur leurs talons hauts et leurs socquettes blanches. Une résille noire avec des pois enveloppait leurs cheveux gonflés. J'aurais voulu leur ressembler.

Deux étages au-dessus de nous habitait Berthe, une jeune fille juive douce et sérieuse, qui faisait avec ses parents de la couture chez elle. Elle m'invitait parfois dans le logement aux meubles luisants, à l'odeur de cire. Un jour, Berthe m'avait emmenée en promenade. Nous avons marché longtemps, jusqu'à une butte herbeuse où nous nous sommes reposées : la butte du Pré-Saint-Gervais. Un homme, au milieu d'un troupeau de chèvres faisant tinter leurs grelots, proposait des petits fromages. Tout était paisible. On se serait cru à la campagne.

J'avais un ami, Simon. Un dimanche de printemps, avec ses parents et les miens, nous sommes allés déjeuner à la campagne. Nous étions attablés à la terrasse du restaurant couverte de feuillages et de glycines. Les rires jaillissaient de toute part. Quelqu'un s'exclama désignant ma mère : « Eh ! elle n'a pas peur de vider son verre ! ». Dans le brouhaha, je voyais Michel, dont la tête arrivait à peine au niveau de la table, attraper les verres à liqueur vides pour en explorer le fond d'une langue pointue et farfouilleuse. Simon et moi partîmes jouer avec une grande fille à lunettes. Elle nous emmena jusqu'à un bouquet d'arbres où, subitement, d'un ton autoritaire, elle exigea que devant elle, nous baissions nos culottes. Rouges et honteux mais n'osant désobéir, nous montrâmes à la fille impérieuse, moi mon pipké enfantin et Simon sa petite quéquette.

Ma mère faisait régner l'ordre dans la maison à l'aide du tchépaské, instrument plat en paille utilisé pour battre les couvertures et tapis qu'on étalait sur le rebord de la fenêtre. Elle s'en servait aussi abondamment pour nous taper sur les fesses. Le tchépaské restait suspendu par un clou sur le mur de la salle à manger, à la vue de tous. Les jours de grand ménage, maman allait d'une chambre à l'autre, tchépaské à la main, battant et secouant draps et couvertures. Les lits restaient défaits toute la journée. Michel et moi, nous nous asseyions au bord, sur le matelas, la tête recouverte d'un drap et jouions à la mariée. Nous craignions fort le tchépaské que ma mère maniait durement et fréquemment. Henri trouvait des cachettes qu'il espérait inaccessibles, dans la cheminée ou sur la haute étagère des cabinets où on rangeait les valises.

Quand ma mère voulait nous corriger, elle cherchait le tchépaské dans toute la maison, envoyant au passage, quand elle rencontrait l'un de nous, quelques gifles vigoureuses.

Chaque soir de Noël, elle déposait un martinet devant la cheminée et, au matin, il s'était envolé, subtilisé pendant la nuit par les mains habiles de mes frères.

Et le tchépaské reprenait ses droits, tapant les matelas et les fesses coupables.

Ils étaient fameux les matins de Noël. Les chaussures regorgeaient de bonbons et de jouets. Nos friandises en main, nous nous mettions tous dans le grand lit de mes frères où les parents venaient nous rejoindre. Nous étalions nos trésors devant nous et procédions au traditionnel échange des crottes au chocolat et des bonbons. Un Noël, pour faire bonne mesure, mon père avait rassemblé devant mes souliers tous les jouets qu'il m'avait offerts dans l'année. J'en avais beaucoup car, étant souvent malade, chaque rhume, bronchite ou angine était l'occasion d'un nouveau cadeau. J'avais été déçue, d'autant que ma mère m'avait promis que le Père Noël m'apporterait une poupée haute comme moi fermant les yeux et coiffée d'anglaises brunes. Je l'avais déjà appelée Marie-Claire. Ma belle poupée, que j'ai voulu plus tard emmener au Vel d'Hiv et que les inspecteurs m'ont arrachée des bras.

Ce matin de Noël 1938, pleurant et me lamentant, je cherchais partout ma poupée introuvable, sous l'œil réjoui de mes frères qui, pendant la nuit, l'avaient cachée avec le sempiternel martinet aux fines lanières de cuir, sur l'étagère à valises des cabinets. Brandissant le tchépaské, ma mère obligea Henri à me la rendre enfin.

Toute la semaine, mes parents faisaient tourner les deux machines à coudre. Les carreaux vibraient, les bouts de tissu et le fil envahissaient la salle à manger, les lourds fers à repasser chauffaient sur le gaz, la pattemouille séchait, répandant une odeur acre. Quand il avait terminé un veston qu'il accrochait sur un cintre, mon père chantait en faisant des grimaces de clown *A Yidel mit dem fidel* – un Juif avec son violon. Le voisin du dessous, M. L., qui habitait seul avec sa fille dans un appartement au sol couvert de tapis moelleux, a porté plainte à la police. Le commissaire a convoqué mon père : « Vous faites trop de bruit, ça gêne les voisins. – Mais je travaille à domicile, a répondu papa, comment faire ? – Ainsi, le bruit dont se plaint votre voisin, c'est celui des machines à coudre ! s'est exclamé le commissaire. Monsieur, a-t-il ajouté, vous avez quatre enfants à nourrir, vous avez raison, travaillez, travaillez ! »

Mais M. L., était exaspéré. Il nous faisait sursauter en tambourinant au plafond. Ma mère décida de sévir. Vingt-quatre heures durant, elle sonna l'heure pour le voisin en tapant fortement le sol à coups de balai vengeur. Deux coups pour deux heures, huit coups pour huit heures et ainsi de suite, marquant les demies par un coup plus léger. Après quoi, le voisin grincheux cessa de se plaindre.

Le samedi soir, mes parents allaient au cinéma. Avant de sortir, ils nous faisaient toutes sortes de recommandations :

« Soyez sages, ne faites pas de bruit. » À peine la porte de la maison était-elle refermée qu'on ouvrait largement la fenêtre de la chambre et, accoudés à la balustrade en fer forgé, nous crachions dans la petite cour grise et carrée, ameutant par nos cris tous les locataires. Certains se montraient, agitant de leur fenêtre un doigt menaçant. Enchantés, nous redoublions nos rires, encourageant Michel l'intrépide à soulever sa chemise de nuit fendue sur les côtés pour exposer aux yeux du monde son derrière nu, rond et blanc. « Qui veut voir mon cul ! » criait-il joyeusement. Un soir, alertés par les voisins, les parents sont revenus à l'improviste, disant que la police les avait prévenus au cinéma du tapage que nous faisions. Cela nous calma quelque temps.

Henri et Jean dormaient ensemble dans le grand lit près du mur sur lequel il y avait une photographie des parents le jour de leur mariage. Michel et moi dormions dans l'autre lit, placé devant la fenêtre, avec à la tête un placard mural contenant des livres, vieux papiers et illustrés. Au milieu de la chambre, une cheminée avec sa tablette de marbre recouverte d'un napperon de dentelle blanche. Tout autour, ainsi que sur les murs bleus, mes frères avaient collé des décalcomanies, indiens et cow-boys aux couleurs vives. La tôle noircie du centre de la cheminée m'effrayait. J'imaginais à l'intérieur des choses épouvantables et, le soir, j'évitais de la regarder. Le mobilier comportait également une armoire à glace contenant le manteau de fourrure de ma mère, à l'odeur lourde et puissante. Le soir, j'attendais pour m'endormir le bruit que faisait la clé dans la serrure quand mes parents rentraient. Un bruit familier et rassurant. Ils allaient souvent rendre visite aux voisins de palier, les Borenstein, qui avaient une fille de mon âge, Rachel, et deux garçons d'une vingtaine d'années. Les Borenstein me paraissaient très vieux, lui avec un visage sillonné de rides, elle, effacée, l'air malade et frileux. On aurait dit qu'elle était toujours sur le point de pleurer. Quelquefois, j'accompagnais mes parents chez eux pour écouter la TSF. Je restais fascinée devant le gros poste que je croyais habité par des personnages minuscules.

Les lendemains de cinéma, mes parents nous prenaient tous les quatre dans le canapé-lit bleu et ma mère nous racontait le film vu la veille. Nous revivions avec elle chaque image. Maman imitait la voix des acteurs, ses yeux se mouillaient aux passages tristes. Elle nous fredonnait les mélodies qui lui avaient particulièrement plu. Elle chantait tout le temps. J'entendais tôt le matin sa voix claire, roulant les *r*. J'aimais surtout quand elle chantait *A yiddiche mame*.

Rachel et moi, nous avions un secret. De connivence avec elle, j'avais volé de l'argent à mes parents. La monnaie était conservée dans une grande boîte de farine vide, rangée avec d'autres, de dimensions décroissantes, sur une étagère de la cuisine. Grimpée sur un tabouret, le cœur battant, j'ai volé une grosse pièce brillante. Personne ne s'en est aperçu à la maison. Avec Rachel, nous avons filé jusqu'à la papeterie de la rue des Pyrénées où, depuis longtemps, j'admirais à la vitrine une jolie poupée en celluloïd, toute petite, avec des cheveux frisés, des souliers noirs et des chaussettes blanches peintes. Tremblante, je donnai l'argent au commerçant qui me remit la poupée en me regardant fixement. J'étais sûre qu'il savait. Dehors, subitement, je n'ai plus voulu de la poupée et l'ai offerte à Rachel.

De la déclaration de guerre aux premières persécutions (1939-1942)

En 1939, à la déclaration de guerre, j'avais six ans. Ma mère nous emmena tous les quatre à pied, de la rue de l'Avenir jusqu'à la mairie du XXe arrondissement, place Gambetta. Dehors, les gens se hâtaient dans la même direction. La place Gambetta était remplie de monde. Une longue queue s'était formée devant la porte du bâtiment communal. Un à un, les gens lisaient une affichette apposée sur la façade, soupiraient, s'exclamaient : « C'est la guerre ! C'est la guerre ! » Nous entourions maman, ne comprenant pas, saisis malgré nous de crainte. Tout paraissait grave et solennel. On nous fit essayer des masques à gaz avec des gros tuyaux qui donnaient aux gens un aspect effrayant. Je ne voulais pas y enfouir mon visage. J'étouffais là-dedans.

L'ordre a été donné aux familles nombreuses d'évacuer Paris. On a préparé les bagages. Tout était sens dessus dessous à la maison. Nous sommes partis pour la gare. Devant, sur le large trottoir, il y avait des gens partout, assis sur les valises ou couchés par terre, enveloppés de couvertures, la tête reposant sur des balluchons. Dans le ciel, on voyait des formes noires, étranges et immobiles, des grosses boules ou des longues saucisses. Après une interminable attente, on s'est précipités dans la gare. Sur les quais, les gens se bousculaient, criaient, se poussaient pour avoir une place dans le train bondé. À l'intérieur du wagon, une femme faisait passer au-dessus des têtes un pot de chambre plein pour le vider par la fenêtre.

Le train nous emportait dans la nuit noire et magique. Parfois un trait rapide et lumineux signalait le passage d'un autre convoi.

Nous sommes arrivés à Saint-Biez-en-Belin, petite bourgade dans la Sarthe où séjournaient beaucoup de réfugiés venant de Paris. Nous logions au presbytère. Chaque jour, souriant, le curé apportait à ma mère un panier de fruits. J'étais heureuse. Jean venait de m'apprendre à écrire mon nom « Annette Muller ».

Je ne me lassais pas de l'inscrire à la craie sur les murs des maisons. Après l'avoir été de mon père, j'étais maintenant amoureuse de Jean, mon frère. J'avais décidé que nous nous marierions plus tard, que nous ne nous quitterions jamais. « Mais non, m'a dit maman, à qui je confiais mes projets, il est interdit de se marier entre frère et sœur. » Ce fut mon premier chagrin d'amour.

J'allais avec mon père, à la ferme, prendre le lait. Un jour, en arrivant, je vis le fermier tuer des petits chats en les jetant violemment contre le mur.

Ils retombaient par terre, leur poil blanc ensanglanté. Je sanglotais, enlaçant les jambes de mon père, le suppliant d'arrêter le fermier. « Non, non, s'il te plaît, papa, ne le laisse pas tuer les petits chats ! » Un seul chaton fut épargné. Petite boule blanche duveteuse, il ne quittait plus Michel, dormant blotti contre lui dans son lit.

Mon père était reparti pour Paris. Étranger, il devait passer le conseil de révision. Il ne fut pas accepté à l'armée et il revint à Saint-Biez.

Ma mère avait trouvé du travail comme femme de chambre dans un château des environs appartenant à une riche Égyptienne. C'était une bâtisse majestueuse où les enfants n'avaient pas le droit d'entrer. Nous accompagnions ma mère jusqu'à l'immense parc. Le lieu me paraissait extraordinaire depuis que j'y avais découvert un sapin. Ce fut une révélation. Jusque-là, je me demandais d'où provenaient les sapins de Noël avant d'être mis, ornés de guirlandes et de lumières, dans le préau de l'école maternelle.

Quand elle ne travaillait pas, ma mère apprenait à monter à bicyclette.

Elle déambulait sur la place du village, tombant, remontant sur son vélo, encouragée par les cris et les rires des villageois. J'étais gênée, je pensais qu'ils se moquaient d'elle. Mais ma mère, très à l'aise, regrimpait sur sa bicyclette, répondant aux rires et quolibets par des plaisanteries avec son fort accent où roulaient les *r*. Ma mère ne paraissait jamais gênée. Quand elle avait décidé de faire quelque chose, elle le faisait toujours, à sa façon joyeuse et exubérante. Elle était très entourée, allant, comme à Paris, chez l'une ou l'autre.

Cette année-là, après une punition de ma mère que je considérais injuste, j'ai voulu me tuer. J'avais entendu dire que lorsque la circulation du sang s'arrêtait, on mourait, aussi j'ai enroulé autour de mon poignet un élastique qui me fit enfler démesurément la main. Satisfaite, j'ai laissé traîner ostensiblement ma main sous les yeux de ma mère qui, s'apercevant de l'enflure, coupa l'élastique avant de me flanquer une paire de gifles qui me laissa les joues aussi cuisantes que le poignet.

Dans la nuit de Noël 1939, Michel m'apprit que le Père Noël n'existait pas.

Nous dormions tous dans la même chambre du presbytère, le coin des parents étant séparé du nôtre par un rideau. Michel a épié les parents pendant la nuit, les a vus préparer les cadeaux et m'a réveillée doucement pour observer la scène.

Michel, à quatre ans, était le génie de la famille. On s'extasiait sur son intelligence, sa vivacité, ses jolis traits. Il lisait couramment le journal et, à chaque visite, il devait faire une démonstration de son savoir. « Ce petit, soupiraient les gens à ma mère épanouie, il ira loin ! »

Un jour, des soldats sont arrivés, demandant leur route. Ils étaient magnifiques avec leurs uniformes galonnés et leurs hauts képis rouges.

Nous les regardions bouche bée défiler dans le village. L'un d'eux mit son képi sur la tête de Michel. C'étaient des soldats français. Ils interrogeaient : « Avez-vous vu les boches ? Les boches ne sont pas loin, ils seront bientôt là ! » De la manière dont ils prononçaient le mot « boche », répété avec effroi par les villageois, j'imaginais de grosses bêtes visqueuses, horribles. Les boches vinrent compléter ma panoplie de cauchemars.

Les soldats français quittèrent Saint-Biez, remplacés peu après par les soldats allemands. C'étaient donc eux les boches ! Ils marchaient en cadence, chantant d'une voix vibrante. Ils allaient vers les enfants, nous caressaient les cheveux, offrant du chocolat, des biscuits, des bonbons. Nous leur courions après, heureux de leur venue au village. Ils avaient organisé des distributions de soupe et de victuailles et on voyait la population du village, casserole à la main, faire la queue devant la caserne allemande.

Le commandant demanda au maire de Saint-Biez s'il y avait un tailleur au pays pour coudre sur les uniformes vert-de-gris les galons et décorations gagnés au front. Mon père fut chargé de ce travail.

L'un d'eux venait nous voir au presbytère. Il s'était pris d'affection pour nous, en particulier pour Michel, qu'il s'amusait à faire sauter en l'air pour le faire retomber, radieux, dans ses bras. Il voulait nous photographier « pour garder le souvenir », répétait-il à ma mère avec son accent guttural. Il nous réunit dans le jardin, tous les quatre en habits du dimanche, entourant maman souriante. Il faisait beau et le soleil nous éclairait. Ce fut la seule photo qui resta de ma mère, une petite photo prise par un soldat allemand, oubliée dans l'appartement vide de la rue de l'Avenir, après qu'il eut été pillé en juillet 1942.

Le presbytère jouxtait l'église. Nous y entrions parfois. Il y faisait sombre et froid. On entendait des chuchotements et des raclements de gorge. On marchait lentement, reniflant le parfum pénétrant de l'encens qui se consumait. Henri avait parié avec les gosses du village qu'il chiperait un missel et pisserait dans la travée, pendant la messe. Il l'avait fait, agenouillé gravement sur le prie-Dieu. Après cet exploit, il devint, parmi les enfants de Saint-Biez, un héros admiré.

Je tombai malade. Un homme, ami de mes parents, venait me tenir compagnie. Je le trouvais bizarre, grand, maigre, la voix caverneuse, un visage jaune et triste surmontant un long cou où saillait une énorme pomme d'Adam. Cette grosse boule qui bringuebalait de haut en bas du cou maigre me fascinait et m'horrifiait à la fois. Il me permettait d'y poser le doigt et je sentais la pomme d'Adam rouler dessous. J'étais dégoûtée et ravie. C'était un Juif doux et gentil. De retour à Paris, je l'ai revu plusieurs fois à la maison avant qu'il ne disparaisse dans un des nombreux convois de déportés.

Un matin, le rideau qui séparait la chambre en deux étant mal tiré, j'aperçus ma mère, nue, qui se lavait. La cuvette d'eau était sur la table.

Sur le sol, entre les pieds de ma mère, il y avait une flaque de sang.

Je détournais vivement la tête, honteuse, ayant le sentiment d'avoir surpris quelque chose de sale et d'interdit que je n'aurais jamais dû connaître.

Je n'osais poser de questions à ma mère et refoulais l'image de cette flaque de sang à ses pieds au fond de ma conscience.

Cependant, les Allemands arrivèrent en masse au Mans. Ils contraignirent tous les réfugiés des environs à quitter les lieux pour s'installer à leur place, dans les maisons.

Nous revînmes à Paris en 1940. Nous allions à la grande école rue Olivier-Métra. J'avais beaucoup d'amies que ma mère recevait volontiers à la maison. Elle nous laissait vider l'armoire, nous prêtant ses robes, corsages et souliers à talons hauts pour nous déguiser en dames. Quelquefois, maman se mêlait à nos jeux dans l'enthousiasme général. Le jeudi, avec mes frères, nous fréquentions le patronage catholique. Bien qu'il y eût un patronage juif, les parents avaient cédé à notre désir de rester avec nos camarades de classe. D'ailleurs, depuis son séjour au presbytère et les discussions avec le curé aux paniers de fruits, maman semblait être attirée par la religion chrétienne.

À la sortie de l'école, les enfants venaient s'agglutiner contre la vitrine de la mercerie-confiserie où trônaient les bocaux remplis de réglisses, boules de gomme et bonbons multicolores. Nous guettions le veinard, muni de quelques sous, qui allait quitter la boutique et qu'on assaillait aussitôt.

La rue Olivier-Métra était en pente. L'hiver, nous allions à l'école en faisant des glissades sur le trottoir gelé. L'été, nous dévissions les plaques d'eau des caniveaux, aspergeant à grands cris les gens qui passaient. Nous avions un point de ralliement dans un immeuble en démolition au coin de la rue de Pixerécourt où nous nous cachions parmi les pierres.

Henri avait formé une bande dont il était le chef incontesté. On l'admirait pour sa force. J'étais la seule fille, mais Henri avait imposé ma présence.

Nous courions après les camions d'ordures, moi trottant derrière, nous accrochant en grappe à la benne, lançant à la ronde : « Au cul, les camions ! » poursuivis par les flots de gosses du quartier Pyrénées. Ou bien nous parcourions les rues, appuyant sur les sonnettes des concierges. Un jour, nous avons voulu faire une farce au cordonnier bossu qui tenait échoppe au coin de la rue des Pyrénées. Vociférant, il s'était avancé vers nous, le marteau à la main, nous flanquant une telle peur que nous nous sommes rués vers la maison, jaunes comme des coings. Quand un garçon de la bande me bousculait, j'allais me plaindre à mon frère : « Henri, il m'a embêtée. » Henri regardait l'autre de ses petits yeux vifs et noirs, enfoncés dans son visage étroit, son nez pointu frémissant, tordant sa bouche mince, il collait son épaule contre celle du garçon, opérant une poussée violente qui les soulevait presque tous deux du sol, sifflant entre ses dents : « Tu vas laisser ma sœur tranquille, premier et dernier avertissement ! » Le garçon, vaincu, abandonnait la lutte.

À l'école communale, comme au patronage, j'aimais sentir l'amitié des élèves. Je faisais le pitre pour les amuser, contente qu'elles souhaitent et recherchent ma présence. Je voulais être admise dans la collectivité. Être comme les autres. J'avais souffert en colonie de vacances quand on m'avait appelée pour me donner un colis de mes parents. « Pourquoi moi ? Non, ce n'est pas pour moi ! » avais-je protesté en larmes. « Je ne veux pas de ce colis ! » Je ne m'étais calmée que lorsqu'on en avait distribué le contenu à tous les enfants, devant moi.

Ma mère profitait de cette crainte de me faire remarquer pour me faire ingurgiter les médicaments ou fortifiants que ma santé exigeait. Le bol à la main, elle m'attendait à la sortie de l'école, sachant que devant les autres j'avalerais la mixture écœurante, jusqu'à la dernière goutte, sans rechigner.

Je souffrais aussi que les traditions de l'école ne concordent pas avec celles de la maison. Ainsi, le jour de la fête des Mères, préparée fiévreusement en classe par des dessins et des poèmes, je tournais autour de ma mère, oppressée par l'émotion, cherchant à l'aborder pour lui offrir mon cadeau. Préoccupée, elle m'avait écartée avec impatience. Cela m'avait gâché la journée. Je me rendais compte que nous étions différents. À la maison, mes parents parlaient yiddish, langue dans laquelle je me suis exprimée jusqu'à l'âge de trois ans, mais que j'avais complètement oubliée. Dehors, je me sentais gênée par leur accent. Chaque soir, maman nous appelait d'une voix forte : « Hori, Joa, Michal », au lieu de Henri, Jean, Michel qu'elle n'arrivait pas à prononcer correctement. Elle me disait « ma Hanelé », diminutif yiddish que je détestais. Je préférais encore mieux qu'on m'appelle l'Âne ou la Mule, comme le faisaient certains pour me tourmenter.

Un jour, j'allais chercher le pain. Pour remonter l'étage jusqu'à la maison, je le mis en équilibre sur ma tête. Fière de moi, je frappe à la porte. Ma mère ouvre, saisit le pain d'une main, me balance une claque de l'autre. « Comment oses-tu mettre le pain sur ta tête, c'est dégoûtant ! » Alerté par les cris, mon père accourt. Hoquetante, je lui désigne ma mère. « Elle m'a battue, elle m'a battue. – Elle, c'est maman ! » répond mon père furieux. « Ne dis pas elle mais maman. » Et il me gifle à son tour. Je trépigne, soulevée de colère et de rage, hurlant : « Sales étrangers, retournez dans votre pays ! » Mon père m'attrape par les épaules et me jette sur le palier : « Allez, file, hors d'ici. »

Je restai derrière la porte longtemps, imaginant avec délectation que j'étais en réalité une enfant abandonnée recueillie par un parâtre et une marâtre qui n'étaient même pas français. Enfin la porte s'ouvrit et on me laissa rentrer à la maison.

J'allai pour la première fois au cinéma voir *Les Trois Mousquetaires*. Terrée au fond de mon fauteuil, je voyais un personnage immense remplir tout l'écran. J'étais persuadée qu'il allait en sortir pour avancer sur moi. Je poussais des cris perçants. On m'évacua. Après cette séance, ma mère m'interdit le cinéma pendant quelques semaines, mais je suppliais tant qu'elle me laissa y retourner, avec mes frères. Nous allions tous les dimanches au Pyrénées-Palace, avalant n'importe quoi, assis aux premiers rangs, avec tous les enfants du quartier. Puis Jean se mit à vomir ses repas. Il éclaboussait toute la pièce. Quand ça le prenait les jours de cinéma, ma mère, énervée, nous en privait tous les quatre. L'un de nous était malade, tous devaient être soignés ! Mécontents, nous traînions dans la rue, pendant que maman nettoyait le parquet souillé, après avoir couché le pauvre Jean larmoyant.

Peu à peu, l'atmosphère de la maison changeait. Les machines à coudre restaient longtemps silencieuses. Mon père était rarement là. Quand il venait, ma mère et lui parlaient à voix basse. J'entendais « ticket, restrictions, manger ». Dans la rue, il y avait des queues interminables devant l'épicerie, le boulanger, le boucher. On ne trouvait plus rien, ni viande, ni œufs ou bien à des prix inabordables qui faisaient s'exclamer les ménagères. Rue de Ménilmontant, chaque jour, une longue file de gens affamés venaient chercher la soupe distribuée par les Allemands qui avaient organisé, dans une ancienne salle de réunions, une cantine militaire.

Un jour, nous avons pu faire un repas de gala. Mon père avait rapporté de la peau de vache enroulée que le boucher lui avait vendue. « Grattez avec un bon couteau, avait-il recommandé, avec de la patience, vous arriverez bien à en tirer quelque chose à manger. » Effectivement, il restait des bribes de viande qui, accommodées par ma mère, firent un bouillon savoureux.

Parfois, maman rapportait une pomme. Assise sur une chaise, elle nous réunissait tous les quatre autour d'elle, râpait la pomme avec un couteau qu'elle nous donnait à lécher à tour de rôle. C'était frais et juteux. Il lui arrivait d'apporter une orange sanguine qu'elle partageait équitablement. Je faisais la grimace, détestant le goût acide du fruit, mais elle m'obligeait à l'avaler. « C'est bon pour la santé ! » grondait-elle, en m'ouvrant la bouche pour y introduire le quartier d'orange rouge et amer. Avant le repas, elle nous donnait un morceau de pain noir et dur que nous grignotions en jouant. Ça nous calmait un peu la faim.

Michel eut les oreillons. Il trônait, assis béatement sur le divan bleu, avec sa grosse tête en forme de poire, tandis que ma mère lui offrait des prunes au sirop qu'elle sortait directement de la boîte de conserve. Je léchais la cuillère de Michel, espérant que j'attraperais sa maladie et qu'on me servirait, à moi aussi, assise sur le divan, les prunes délicieuses. J'eus les oreillons, mais j'avais perdu l'appétit. Les prunes au sirop furent mangées par mes frères.

J'avais un nouveau fiancé, Pierrot, le fils d'un agent de police habitant rue de Pixerécourt. Il me suivait partout, me dessinait mes cartes de géographie.

Les jeudis et dimanches matin, il montait chez nous et participait aux batailles de polochons avec mes frères. Nous allions chez lui jouer au nain jaune sur la table de la petite cuisine. Sa mère, bienveillante et discrète, nous laissait tranquilles. On disait que c'était le père de Pierrot qui était représenté sur les grandes affiches patriotiques couvrant les murs de la rue. Quand son père rentrait nous ne pouvions monter chez Pierrot. Il venait nous voir en cachette. Le jour de sa première communion, il est arrivé, brassard blanc au bras, offrir des images pieuses à ma mère. Il lui promit solennellement, ce jour-là, qu'il m'épouserait plus tard.

Quelquefois, Joseph se joignait à nous pour jouer au nain jaune. C'était un rouquin rieur, au visage rond taché de son. Il nous invita à goûter chez lui, un appartement rue des Pyrénées, richement meublé. Il y avait beaucoup de monde autour de la grande table de la salle à manger, s'apostrophant, moitié yiddish, moitié français. Les discussions commençaient en français, sur un ton affecté bien qu'avec un fort accent, pour se continuer en yiddish, principalement aux passages palpitants et le calme revenu, se terminer en français. Impossible de suivre la conversation. J'observais avec curiosité la mère de Joseph, une juive rousse très grosse. Elle avait placé une petite serviette de dentelle sur son opulente poitrine et y avait installé une assiette de gâteaux qui tenait en équilibre. Je regardais avec stupeur cette grosse poitrine servant de table. Son visage était complètement englouti par ces énormes seins.

Dans un passage étroit donnant sur la rue de Pixerécourt, habitait une famille de Juifs très pauvres chez qui j'aimais aller. Ils mangeaient toujours des betteraves. Je trouvais magnifique cette couleur rouge grenat brillante.

Chez moi, on n'en servait jamais. Dans le logement étriqué régnait une grande dignité. Cela provenait du père, M. G., homme déjà âgé, maigre, pâle, assis dans son fauteuil, ses jambes paralysées recouvertes d'une ample couverture écossaise. Sa femme et ses nombreux enfants s'empressaient autour de lui, respectueusement et silencieusement. J'étais impressionnée par cet homme calme et sévère, entouré de vénération. Les absences de plus en plus fréquentes de mon père donnèrent à la maison une ambiance d'insécurité et de provisoire. Nous sentions peser une menace. Ma mère était souvent sombre et préoccupée. Dès le matin, en me réveillant, je l'entendais, déchirée par des quintes de toux provoquées par une bronchite qui s'éternisait. Il faisait froid. Maman s'appuyait contre le poêle tiède. Un soir, Henri était allé chercher une couverture pour lui couvrir les épaules. Elle l'avait repoussé durement : « Laisse-moi tranquille, je ne suis pas malade. » Henri la regardait tristement. Aîné de nous quatre, âgé de onze ans, il se sentait, en l'absence de mon père, écrasé de responsabilités. À cette époque, début 1941, mon père était bûcheron à Creil. Il travaillait dans les bois appartenant à Rothschild et avait une permission tous les quinze jours.

Il se levait à l'aurore, avant les autres, pour se laver. La propreté, il s'en faisait un point d'honneur. « La propreté m'a aidé à garder le courage et l'espoir », m'a-t-il raconté par la suite. Quand un interné se laissait aller à la crasse et à l'avachissement, mon père, avec d'autres camarades, le traînait jusqu'au robinet et le forçait à se nettoyer, sans égard pour ses protestations.

Un jour, des latrines, il a vu des camions arriver. Les hommes étaient poussés dedans. Mon père, accroupi, est resté caché des heures. Quand il est ressorti, à la nuit tombante, le camp était vide. Les hommes avaient disparu. On disait, dans la région, qu'ils étaient morts dans des wagons emplis de chaux vive.

Mon père est revenu, épuisé, à Paris. Quand il était à la maison, ma mère reprenait sa bonne humeur. Elle chantait en faisant le ménage : « Ah quel émoi, lorsque je vois mon parradis perrdi ! », chanson extraite du film *Paradis perdu*, dont elle nous avait raconté longuement les détails émouvants. Dans la rue, les enfants inscrivaient sur les murs à la craie MBBSTBA, mille bons baisers sur ta bouche adorée. On fredonnait sur l'air de Lily Marlene. Devant la caserne, un soldat allemand pleurait à chaudes larmes, comme un petit enfant. Je lui demande « eh bien qu'as-tu ? », il me répond « nous sommes foutus, on a les Russes au cul ! » On chantait aussi : « On n'a jamais vu ça, Hitler en pyjama, Mussolini en chemise de nuit et Daladier dans le saladier. »

On parlait des premiers camps, des rafles de Juifs dans le XIe arrondissement, organisés par les Allemands. C'était maintenant le tour du XXe arrondissement. Les hommes juifs devaient se présenter à la porte des Lilas pour être dirigés sur les camps de Pithiviers et de Beaune-la-Rolande. On avait dit à mon père et aux autres Juifs qu'en travaillant dans les bois de Rothschild, ils éviteraient l'internement.

Nous les enfants, nous ne comprenions pas la signification du mot camp. Nous apprenions que tel ou tel de nos voisins avait disparu, enfermé dans un camp. Ce devait être une prison immense où les gens travaillaient à s'en rendre malades. Comme Armand, un des deux frères de Rachel, dont on apprit qu'il venait de mourir de tuberculose dans le camp de Juifs où on l'avait enfermé. On n'eut plus de nouvelles de son autre frère après qu'il eut été envoyé à Drancy. On emmena Mme Borenstein à l'hôpital où elle mourut rapidement. Rachel resta seule avec son père.

Mes parents reçurent une lettre de Pologne. Nous jouions tous quatre dans la salle à manger quand nous les vîmes sortir de la chambre en pleurant.

La lettre racontait des événements tragiques. Par milliers, on parquait les Juifs dans les ghettos où ils mouraient de faim et de typhus. Les Allemands avaient arrêté grand-mère, la mère de mon père, Anna, sa sœur et ses deux plus jeunes frères de dix-huit et vingt et un ans. Élie était le cadet. C'était un beau et joyeux garçon. Le coq du village. Avant de partir, il a sifflé une fille qui passait, lui donnant rendez-vous pour le soir. Les Allemands les ont conduits devant le palais de Justice et les ont fusillés aussitôt, tous les quatre, avec d'autres Juifs rassemblés sur la place. Je pensais souvent à grand-mère. Elle m'avait envoyé une jolie veste polonaise, noire, avec des perles

et des paillettes scintillantes, qui disparut avec [ses]
affaires en juillet 1942.

C'est la dernière lettre de Pologne que nous avons re[çue].
Après ce fut le silence. Toute la famille maternelle et paternelle restée là-bas, oncles, tantes, cousins, fut anéantie. Pas un seul n'a survécu. Parfois, mon père me montrait leurs vieilles photos jaunies, dans le tiroir du buffet de la salle à manger.

Il me parlait de grand-mère, d'Anna sa sœur, d'Élie, son petit frère, de mon grand-père bossu, le violoneux, et de ma grand-mère qui n'avait pas de nez.

Il y eut les premiers bombardements et les alertes. On avait collé des bandes de papier marron en croix sur toutes les fenêtres de l'appartement. Dès que j'entendais le son strident de la sirène, la peur me tenaillait le ventre avec une telle violence qu'elle me déclenchait des coliques. Dans la maison, c'était l'affolement pour descendre à la cave et moi, crispée et pâle, tandis que la sirène hurlait, il fallait que j'aille aux cabinets.

La cave, sombre, humide et glacée, avait une odeur de moisissure. Les gens, tassés, le visage fermé, ne parlaient pas. Je ressentais une sorte d'hostilité qui m'effrayait autant que le bruit sourd des bombes.

Une nuit, la sirène me réveilla. Michel dormait près de moi. Il était si beau dans son sommeil que je déposai un baiser léger sur sa joue rose et tiède.

Ma mère, un doigt sur la bouche, entra dans la chambre. Je me suis levée en silence, Henri et Jean dormaient encore. J'aidai ma mère à leur enfiler les chaussettes. Nos mains se sont rencontrées. Ma mère me lança un regard tendre et rapide. En habillant mes frères, doucement et silencieusement, je sentis, entre ma mère et moi, une solidarité de femmes.

Pendant l'été 1941, mes parents nous ont envoyés en vacances à Bonnières, dans un hôtel-restaurant au bord de la rivière. La patronne se nommait Annette comme moi et voulait qu'on l'appelle tata Annette. Nous l'aidions à servir à boire aux mariniers qui venaient nombreux au comptoir. Elle nous fit goûter des escargots à l'odeur aillée. Avec l'aiguille, nous enfoncions profondément le mollusque dans la coquille, nous contentant d'éponger le jus brûlant avec la mie de pain. Tata Annette gardait dans le jardin un bateau dont la coque était retournée. Nous jouions à l'intérieur, imaginant des aventures fantastiques de corsaires et de pirates. Mon père vint nous voir et nous emmena faire une promenade en barque sur la rivière large et paisible. C'étaient des moments heureux.

Quand nous revînmes à Paris, l'étau s'était resserré autour des Juifs.

La bibliothèque du quartier où j'allais chaque semaine nous était interdite.

Il fallait prendre le dernier wagon du métro dans lequel nous étions entassés. Écrasant mon nez contre la portière, je voyais défiler sur les murs du tunnel, DUBO, DUBON,

DUBONNET et ça faisait une complainte lancinante dans ma tête qui accompagnait le grondement des wagons sur les rails.

Je me rappelais nos précédents voyages en métro. Ma mère nous faisait filer prestement tous les quatre devant elle et présentait un unique billet au poinçonneur. « Et les enfants ? » disait-il. « Quels enfants ? » ripostait calmement ma mère, « vous avez vu des enfants, vous ? » Du bout du quai, nous la voyions arriver, majestueuse. Nous nous sentions les champions de la resquille. Maintenant, le métro m'effrayait. Il me semblait que, sous le train, un gouffre sans fond allait m'attirer. Je n'osais m'approcher du bord du quai et restais collée contre ma mère. Quelquefois, nous allions le dimanche à Bobigny. C'était un voyage interminable, métro, autobus et marche jusqu'à un petit pavillon à un étage, entouré d'une courette, où habitaient les amis de mes parents. Ce pavillon avec les meubles luisants, l'escalier recouvert d'un tapis rouge qui menait aux chambres, me paraissait le comble du luxe. Quoique j'aie été déçue par l'absence d'un piano. Partout où j'allais, je demandais s'il y avait un piano. J'en rêvais. Je rôdais autour de celui du préau de l'école communale, fermé à clé. La maîtresse l'ouvrait pour la leçon de chant. Je voyais ses mains glisser sur les touches noires et blanches. J'étais sûre que de cet instrument massif, de ce livre de musique où étaient inscrits des signes bizarres, posés sur des fils comme des oiseaux, de ces signes qui se transformaient en sons doux et sonores, me viendrait un bonheur total.

Les amis de Bobigny fabriquaient des sandalettes et les chaussures tressées que portaient les femmes. Ils avaient une fille au long visage morose que ma mère espérait fiancer à mon oncle Pierre, l'électricien, le frère cadet de papa, âgé de vingt-quatre ans, qui nous avait rejoints en France avant la guerre. Ma mère le considérait comme un fils aîné. Je chérissais l'oncle Pierre qui me donnait des pièces de monnaie pour m'acheter des bonbons quand je pleurais. Il ne pouvait résister à mes larmes. Aussi, chaque fois qu'il venait à la maison, je pleurais avec conviction.

Les amis de Bobigny étaient des Juifs polonais. Ils débutaient le repas avec des tranches de massepain arrosées de petits verres de vodka. Je raffolais du gâteau onctueux et sucré mais on ne nous en donnait un morceau, à Michel et à moi, qu'après que nous avions trempé nos lèvres dans le verre d'alcool.

Ils riaient bruyamment en nous voyant grimacer et tousser, la poitrine embrasée, les yeux exorbités et larmoyants. Nos efforts étaient applaudis avec des clameurs de joie.

Les dernières fois que nous sommes allés à Bobigny, quand, en descendant de l'autobus, nous prenions la longue route étroite qui conduisait au pavillon, à un détour du chemin nous apercevions au loin, se dressant dans le ciel bleu, des tours noires, gigantesques. C'étaient les tours de Drancy. Les tours des Juifs[1]. On le savait, on en parlait à voix basse. Drancy-

---

1. Le camp d'internement de Drancy ouvre en août 1941.

les-tours, Drancy-le-trou-aux-Juifs où se passaient des choses horribles, innommables. Nous passions rapidement, glacés, la terreur au ventre, détournant le regard.

On avait entendu parler du camp des Lilas[1], joli nom sonnant gaiement à l'oreille, mais Drancy était un mot sale, répugnant, effrayant. Pour nous, les enfants, le camp de Drancy, c'étaient ces tours noires et menaçantes qu'on apercevait au loin, au détour du chemin, et qui me vidaient le ventre.

Je ne pouvais imaginer que Drancy était également une ville française, dans la banlieue de Paris où des gens vivaient normalement. Je ne pouvais prévoir que, quelques mois plus tard, on m'y enfermerait aussi, avec Michel. J'avais peur. Tout enfants que nous étions, je sentais que cela nous concernait. Qu'est-ce que c'était pour nous, être juifs ? Des étrangers venant d'un autre pays, la Pologne, la Hongrie, la Russie, mon père, ma mère, leurs amis, qui parlaient entre eux le yiddish ou le français avec un accent dont on se moquait gentiment. Nous, on était des enfants de Juifs. On était juif comme on respire. On allait au patronage catholique, mais vis-à-vis des autres on sentait la différence. On n'en souffrait pas vraiment, mais on sentait la différence. Beaucoup de Juifs autour de nous disparaissaient. Ils étaient là et, subitement, ils n'étaient plus là. On les mettait dans ces tours d'où ils ne revenaient jamais. Un voile épais de mystère, de murmures effrayés, de larmes, les recouvrait.

---

1. Il peut s'agir soit du fort de Romainville, où ont été enfermées plus de 7 000 personnes durant toute la guerre, soit du camp des Tourelles, situé à Paris, Porte des Lilas, dans le XXe.

De cela, nous, les enfants, étions conscients ainsi que de la menace qui pesait sur les pères et les frères aînés.

En mars 1942, pour l'anniversaire de mes neuf ans, ma mère me fit une robe vert pomme en rayonne bruissante, froncée à la taille et m'offrit une corde à sauter. Je me trouvais belle et gracieuse. Avec ma corde, je sautillais, virevoltant dans les rues, secouant mes anglaises brunes nouées par un ruban également vert, fière de faire admirer ma robe neuve aux ménagères qui faisaient la queue à la porte des boutiques. L'une d'elles lança, me remplissant de plaisir : « Oh ! la jolie petite fille verte ! » Je me réjouissais de l'année qui s'annonçait. À mon prochain anniversaire, j'aurais dix ans. C'était une étape importante et ma mère m'avait fait un tas de promesses. Qu'elle me ferait apprendre le piano, la danse avec les petits rats de l'Opéra en tutu blanc et léger, qu'elle me ferait percer les oreilles comme les siennes, pour y accrocher les boucles à perle nacrée qu'elle me montrait parfois. J'aimais son coffret à bijoux. Il y avait des bracelets d'or, larges et ciselés, fermés par une minuscule chaînette, des bagues avec des brillants qui glissaient le long de mes doigts frêles, un collier de perles fines. Elle me laissait les toucher, y enfouir mes doigts, enfiler un bracelet, passer le collier autour de mon cou. C'était froid et tiède à la fois. Cela brillait, tintait délicatement. C'était beau ! J'étais une reine !

Au début de juin 1942, l'ordre a été donné aux Juifs de porter des étoiles jaunes à six branches, cousues à leurs vêtements à l'endroit du cœur.

J'étais inquiète, je craignais les réactions de mes copines de classe, j'avais vu à la récréation des filles en quarantaine parce qu'elles avaient des poux. Les autres, formées en ronde, dansaient autour d'elles en se moquant cruellement : « Hou ! Hou ! la pouilleuse ! » J'avais constaté la cruauté des enfants pour celui qui était différent, boiteux, bec-de-lièvre ou simplement trop timide.

Aussitôt, il devenait le souffre-douleur.

Quelques jours avant le port obligatoire de l'étoile, ma mère nous a fait mettre nos habits du dimanche bien que ce soit un jour de semaine. Sur les vestes de tweed de mes frères, sur la vareuse de mon costume marin ainsi que sur sa robe à fleurs, elle avait cousu solidement les étoiles qui avaient été distribuées aux familles juives en échange de tickets textile. Des étoiles d'un jaune cru, avec le mot juif écrit en lettres noires et tordues comme des flammes. Après qu'elle nous eut longuement coiffés, nous sommes descendus avec elle et lentement, majestueusement, nous nous sommes promenés dans les rues du quartier. Nous avons défilé ainsi dans les rues de Pixerécourt, Pyrénées, Ménilmontant, avons descendu l'étroite rue des Rigoles. « Tenez-vous droits, redressez-vous », murmurait maman. Son regard arrogant semblait défier les gens qui nous regardaient en silence. Elle voulait montrer à tous une jeune mère juive fière de ses quatre enfants juifs.

Pauvre maman et son courage inutile. N'aurait-il pas mieux valu qu'elle jette l'étoile dans une poubelle et qu'elle fuie au loin avec ses enfants ?

Quelques mois après, elle était morte. Elle allait avoir trente-quatre ans.

Cependant, il a bien fallu aller à l'école. Dans la classe, tous les regards se sont tournés vers moi. Au fond, essayant de dissimuler son étoile, j'aperçus Manuella, une fillette habitant un quartier plus chic que le nôtre.

On fréquentait peu Manuella. Elle avait l'air distant avec ses habits élégants, ses boucles blondes, son aspect soigné. Ainsi, Manuella était juive, elle aussi. C'était une découverte. La maîtresse a dit : « Deux de vos camarades portent une étoile. Soyez gentilles. Rien ne doit être changé entre elles et vous. » Mais immédiatement, il y eut une barrière, une mise à l'écart. Pierrot déserta notre maison. Denise, ma meilleure amie avec qui j'allais au patronage, ne vint plus chez moi et je ne retournai plus chez elle. J'ai rencontré la mère de Denise, après la guerre. « Ta pauvre mère, m'a-t-elle dit, elle était si gaie, je la reverrai toujours quand on vous a emmenés. Quel malheur ! » Je regardais la mère de Denise tandis qu'elle me parlait et, inexplicablement, mon cœur s'est empli de haine.

J'allais voir une amie de mes parents, Mme Fossié, qui était concierge place de Guignier. C'était une femme âgée, très grosse, très bonne, qui marchait difficilement en soufflant. Elle vivait dans une pièce et une cuisine, à peine éclairées, au parquet recouvert d'un linoléum ciré sur lequel on glissait avec des patins de feutre. Un jour que je sortais de chez elle, j'entendis deux femmes discuter sur le trottoir : « Vous vous rendez compte, disait l'une d'elles, un homme qui avait l'air si bien, si correct. Il a fait un mouvement et sous sa veste, devinez ? J'ai aperçu l'étoile. Un Juif ! Qui l'aurait cru, il avait l'air si correct ! » Et l'autre femme hochait la tête, marquant son approbation.

En écoutant les deux femmes, j'ai eu conscience de ce qu'être juif comportait de sale, de dégradant, de honteux. Cette honte, je la ressentais dans la rue, quand les gens détournaient leur regard devant l'étoile qui nous marquait d'une tache ignoble et puante. Étoile jaune humiliante. C'était donc ça, être juif ? Et moi je l'étais et j'en avais honte. J'aurais tant voulu être comme les autres, les gens bien, propres et corrects !

Bientôt, ce furent les vacances. Le dernier jour de l'école, ma mère vint me chercher. J'étais contente, j'avais un prix que je lui montrais de loin.
« À la rentrée, je saute une classe », annonçai-je en me précipitant dans ses bras. L'avenir m'apparaissait plein d'espoir. C'étaient les vacances, le soleil. Peut-être, retournerions-nous à Bonnières, chez Tata Annette, pour jouer dans la péniche comme l'année dernière. Tout allait être merveilleux et, dans quelques mois, j'aurais enfin dix ans. Tant de projets qui allaient se réaliser.

Ils étaient 4 000 enfants juifs, en juillet 1942, qui, comme moi, faisaient des rêves.

4 000 enfants juifs, mes compagnons de route, Rosa, Joseph, Henri, Nathalie, qui se réjouissaient de l'été, la tête emplie de projets et de promesses.

Mes 4 000 compagnons du Vel d'Hiv, de Beaune, de Pithiviers, de Drancy.

Partis en train pour un très long voyage. Mes amis qui, comme moi, faisaient des rêves. Ils sont tous morts, tous morts, tous morts.

L'arrestation, le 16 juillet 1942

À la maison, tout devenait oppressant. Maman était à la fois tendre et nerveuse. Papa était là. Tous deux parlaient à voix basse. J'entendais « grande rafle, tous les hommes juifs allaient être arrêtés, il faut se cacher ».

Le 15 juillet, j'allais avec ma mère jusqu'au bureau de poste. Autour de moi, les gens, nombreux, entraient, sortaient. Longuement, ma mère avait téléphoné. Sa voix était précipitée, insistante, suppliante. Elle téléphonait à Bonnières à Tata Annette, pour qu'elle nous prenne rapidement en vacances, mais apparemment ses démarches n'eurent aucun succès.

Inlassablement, maman a essayé de nous faire partir de Paris. En vain. Il était trop tard.

Nous sommes revenus à la maison. Je pressais timidement ma main dans la sienne. Elle alla frapper chez Mme T., la concierge. Souvent ma mère coiffait sa fille, dans la petite loge, près de la table recouverte d'une toile cirée aux carreaux bleus et blancs. Au lendemain de la rafle, Mme T. a pillé l'appartement de mes parents, édredons, couvertures, vêtements et vaisselle, ne laissant au fond d'un tiroir qu'une photo, celle prise en 1940 par un soldat allemand, à Saint-Biez.

Le soir, mon père et le père de Rachel sont allés se cacher chez Mme Fossié, place de Guignier. Rachel est venue avec nous à la maison, Nous avons très bien mangé. Du boudin avec de la purée. Depuis ma jaunisse du début de l'année, je n'avais pas le droit d'en manger, mais cette fois maman n'a rien dit et je me suis régalée de boudin autant que j'en ai voulu. Nous sentions que c'était une soirée importante, comme les soirées de fête, sauf que papa et le père de Rachel étaient absents. J'étais contente que Rachel dorme à la maison.

On allait pouvoir se faire des confidences. Mes frères se sont couchés tous trois dans le lit près du mur et Rachel et moi, nous nous sommes pelotonnées dans l'autre, sous la couverture chaude et verte, ma poupée Marie-Claire entre nous.

Je lui confiais tous mes projets. « Rachel, Rachel, écoute-moi », disais-je.

On a parlé tard dans la nuit et, enfin, on s'est endormies.

Soudain j'ai entendu des coups terribles contre la porte. On s'est dressées le cœur battant. Les coups ébranlaient la porte et résonnaient dans la maison. Ça tapait fort dans mon cœur, dans ma tête. Je tremblais de tout mon corps. Deux hommes sont entrés dans la chambre, grands, avec des imperméables beiges. « Dépêchez-vous, habillez-vous, ont-ils ordonné. On vous emmène. » Brusquement, j'ai vu ma mère se jeter à genoux, se traînant, enserrant les jambes des hommes beiges, sanglotant, suppliant : « Emmenez-moi, mais je vous en prie, ne prenez pas mes enfants. » Eux la repoussaient du pied.

Je regardais ma mère. J'avais honte. Ma mère ! Si belle, si grande, si forte, ma mère qui chantait et riait et la voilà vautrée par terre, pleurant et suppliant les hommes beiges. Les inspecteurs ont relevé maman. « Allons, madame, ne nous compliquez pas la tâche et tout se passera bien. » Ma mère a étendu un grand drap par terre et, pêle-mêle, y a mis du linge, des vêtements.

Ses gestes étaient saccadés, affolés. Elle remplissait le drap, en sortait des affaires, les remettait, nouait les quatre coins. « Dépêchez-vous », criaient les inspecteurs. Elle a voulu prendre des légumes secs. « Mais non, pas la peine, ont dit les hommes, prenez juste deux jours de nourriture, il y en aura là-bas. »

Moi je pensais, là-bas, c'est une prison, un grand trou noir où on enfermait les Juifs. Qu'allait-il se passer ? Je voulais savoir.

Maman a dit : « Il faut que je coiffe Annette. Elle ne peut pas partir comme ça. » Mais on ne trouvait pas le peigne. Curieusement, un des inspecteurs m'a dit : « Va acheter un

peigne à la mercerie. » Son regard plongeait dans le mien :
« Tu reviens tout de suite, hein ?! »

Dans la rue, des Juifs, portant de gros ballots, marchaient vite, poussés par des inspecteurs. Je reconnus Joseph le rouquin, des policiers bousculaient brutalement sa mère. Des gens, aux fenêtres, regardaient, certains applaudissaient bruyamment. La mercière était très vieille. Elle m'a dit : « Sauve-toi, ne retourne pas chez toi. » Mais où aller ? J'ai payé, pris mon peigne et ai couru rejoindre ma mère et mes frères à la maison.

Les ballots étaient prêts. Les tiroirs ouverts, les lits défaits. Marie-Claire était couchée sur ma couverture verte. Je l'ai prise dans mes bras. J'ai dit : « Je veux emmener Marie-Claire, ma poupée, dans la prison, avec moi. » L'inspecteur beige a crié : « Tu vas la laisser là. » J'ai pleuré : « Je veux emmener Marie-Claire avec moi. » L'inspecteur me l'a arrachée des bras et jetée sur le lit.
Je me suis tue, effrayée.
Nous sommes passés dans le couloir, maman portait un balluchon sur l'épaule, Henri et Jean en tenaient un autre. Ma mère a désigné Rachel : « Ses parents me l'ont confiée, elle n'est pas juive, permettez-moi de la laisser chez Mme T., la concierge. » Les inspecteurs ont accepté.

Depuis, sans cesse, je revois le couloir de la maison, je revois les tiroirs ouverts, les lits défaits, les vêtements épars, la couverture verte et, couchée dessus, les yeux fermés, Marie-

Claire ma poupée. J'entends la porte qui se referme et nous descendons l'escalier en silence, portant les balluchons de drap blanc, les inspecteurs fermant la marche. Longtemps, longtemps, en rêve, j'ai descendu les escaliers de la maison et il me semblait qu'il suffirait que je les remonte pour que tout recommence comme avant : la maison chaude, le bruit des machines à coudre et nos rires joyeux.

On nous a conduits dans une salle[1], tout en longueur où étaient installées des grandes tables. Là-dedans c'était l'enfer. La puanteur, les gémissements, les hurlements, des gens entassés partout, piétinant les balluchons sales.

Un brouhaha hallucinant. Certains, allongés sur les tables, étaient secoués de convulsions, d'autres vomissaient, des mères appelaient leurs enfants qui couraient dans tous les sens. Les portes étaient gardées par les policiers en pèlerine et bâton blanc. Mes frères et moi, nous tenions serrés près de maman. Elle s'est approchée d'une porte de sortie et a parlé à un policier.

Il avait un visage sympathique avec des yeux ronds étonnés. Profitant du désordre, avec l'aide du policier, ma mère a pu faire évader Henri et Jean, âgés alors de dix et onze ans. Portant leur balluchon de drap blanc, ils avaient l'air de garçons se rendant au lavoir. Michel et moi, trop jeunes

---

1. Dans un premier temps, les Juifs arrêtés sont emmenés dans des « centres de rassemblement primaires ». Rachel et ses quatre enfants sont conduits dans les locaux de la Bellevilloise, une salle de spectacles, rue Boyer, dans le XXe, réquisitionnée pour l'occasion.

pour nous débrouiller, sommes restés avec maman. Poussant et bousculant, on nous a fait grimper dans des autobus où, comprimés les uns contre les autres, on essayait de se rapprocher des vitres pour regarder la rue. Nous sommes arrivés au Vel d'Hiv. L'entrée ressemblait à celle du Cirque d'Hiver où, l'année précédente, j'avais été, avec ma mère, voir *Blanche-Neige et les sept nains.*

En larmes, j'avais enlacé ma mère : « Maman, maman, Blanche-Neige n'est pas morte pour de vrai, elle fait semblant ? » Je n'avais été consolée que lorsqu'elle m'avait expliqué que les acteurs jouaient la vie et la mort et que, dans les coulisses, ils ressuscitaient.

Nous étions installés sur des gradins, pressés contre d'autres gens, appuyant la tête sur les ballots ou les valises. En bas, sur la grande piste, on voyait des boxes et des gens autour qui gesticulaient. On entendait un bourdonnement de voix, comme une clameur discontinue et sans cesse on voyait ces mouvements désordonnés de la marée humaine sur les gradins. Au milieu du bruit confus, toute la journée, des haut-parleurs appelaient des noms.

On disait que cela signifiait la libération immédiate. Certains criaient « Je suis français, on ne peut pas me garder » et, le cou tendu vers les haut-parleurs assourdissants, ils espéraient.

Michel et moi avions été déclarés français par maman, en 1936, devant le juge de paix, mais maman, comme papa, n'était pas naturalisée.

Couchée sur le gradin, je voyais les grosses lampes suspendues au-dessus des têtes, les cous tendus vers les haut-parleurs et, bizarrement, j'attendais que le spectacle commence, comme au cirque, l'an passé. Le bruit allait cesser, les globes lumineux s'éteindre et de nouveau, peut-être, Blanche-Neige allait apparaître.

Cependant, Michel et moi avions soif. Nous voulions aller aux cabinets. Mais impossible de passer dans les couloirs de sortie et, comme les autres, nous avons dû nous soulager sur place. Il y avait de la pisse et de la merde partout. J'avais mal à la tête, tout tournait, les cris, les grosses lampes suspendues, les haut-parleurs, la puanteur, la chaleur écrasante. Assise près de nous sur les gradins, une femme très belle serrait un petit garçon de deux ans dans ses bras. Un garçon aux boucles brunes, au teint mat délicatement rosé.

Je voyais sa mère l'enlacer sauvagement, couvrir son visage de baisers.

Je pensais : comme elle l'aime. « C'est Henri, mon fils », a-t-elle dit à ma mère. Elle avait sur elle des photos de sa famille. Elle les a montrées à maman.

Sur l'une d'elles, une fillette avait les mêmes traits que moi. « C'est le sosie d'Annette », a-t-elle dit. Je touchais mes joues, mon front. Ça me faisait un effet étrange d'apprendre qu'une autre fillette puisse avoir mon visage, comme si on me volait mon identité.

Il n'y avait plus rien à boire et à manger. Un jour, des femmes au voile bleu sur la tête ont distribué de la nourriture. Au milieu des cris et de la bousculade, on nous donna une madeleine et une sardine à la tomate. J'ai grignoté le dessus bombé de la madeleine en laissant fondre lentement les miettes sucrées dans ma bouche, j'ai mangé la sardine en léchant d'abord la tomate qui la recouvrait. C'était délicieux. Je ne me souviens pas avoir mangé autre chose au Vel d'Hiv. Rien d'autre. Après, nous avons eu très soif. Les lèvres et la langue étaient desséchées mais il n'y avait rien à boire.

Parfois, les haut-parleurs grondaient après les enfants : « Il est interdit de courir sur les pistes. » C'était devenu le grand jeu du Vel d'Hiv, les enfants faisaient la course, montant et descendant sur les pistes cyclables en pente. Les mères suppliaient de rester calmes, mais les enfants recommençaient, grimpant et descendant en poussant des cris joyeux.

Sur les gradins, près de nous, une femme s'est subitement affaissée. Elle était morte.

J'avais de plus en plus mal à la tête. J'étais fatiguée, tout se brouillait. La fièvre me dévorait. Je me débattais en gémissant : « Les lions, les lions du cirque vont me manger. » Je me suis retrouvée, avec Michel et ma mère, sur le terre-plein du Vel d'Hiv couchée dans un box. En face, un autre lit de camp était occupé par une femme qui restait immobile, sans parler. Michel a dormi à mes pieds et ma mère par terre, dans l'étroit passage qui nous séparait de la dame aux yeux fermés. C'était mieux que sur les gradins où on était obligé de se tenir recroquevillé près des balluchons. Ma fièvre était tombée. Avec Michel nous allions nous promener le long de la piste centrale. Sur un des côtés, un espace était réservé à l'infirmerie. Des femmes au voile foncé allaient de l'un à l'autre. Il y avait un amas de corps nus, allongés par terre, pleurant, soupirant, gémissant, toussant. J'aperçus un homme décharné, aux yeux révulsés, de ses lèvres s'échappait un râle rauque et monotone. Son corps nu était tout blanc avec, entre ses jambes maigres, son sexe hideux, au milieu de poils noirs et raides, qui se perdaient dans son ventre creux. Je m'approchai, fascinée.

C'était M. G., je le reconnaissais. Le paralytique aux jambes recouvertes de la couverture écossaise, assis dans son fauteuil, sa femme et ses nombreux enfants s'empressant respectueusement autour de lui. Et le voilà allongé par terre, râlant, les yeux révulsés. Toute mon enfance basculait devant ce corps nu, écartelé. J'avais la révélation d'un monde d'adultes, sales, malades et pitoyables. Je les plaignais mais, en même temps, je les méprisais, comme lors du matin du 16 juillet, quand j'avais vu ma mère suppliante se traînant à genoux devant les policiers beiges.

On a remis à ma mère un insigne qu'elle m'accrocha sur la poitrine. L'apercevant, une infirmière se mit à rire en me désignant du doigt à une de ses collègues. Je ne comprenais pas pourquoi.

Puis, on nous a fait monter dans des camions pour nous conduire à Beaune-la-Rolande[1]. D'autres partaient

---

1. Le trajet se fait en train à bestiaux, au départ de la gare d'Austerlitz.

pour Pithiviers. On disait : « Ils ont de la chance, tous ceux de Pithiviers seront libérés. » C'était une journée ensoleillée.

On respirait à pleins poumons après ces jours enfermés dans l'air puant et confiné.

L'internement à Beaune-la-Rolande
(22 juillet – 19 août 1942)

Le camp était entouré de fil de fer barbelé épais. Aux quatre coins, des gendarmes dans des miradors braquaient jour et nuit des fusils. Au-delà, on apercevait le clocher de l'église du village tout proche. Il y avait une vingtaine de baraques de bois. Devant certaines, des bandes de ciment étroites avec des trous espacés. Les latrines. Dans la journée, les gens, accroupis et culotte baissée, faisaient leurs besoins aux yeux de tous. Nous avions peur d'y aller. D'énormes vers blancs y grouillaient.

Dès notre arrivée, on se précipita vers une baraque où, dans des lavabos de zinc, coulait un maigre filet d'eau. Certains avaient arraché leurs vêtements sales et se bousculaient dans le désordre et l'affolement pour pouvoir enfin laver leurs corps qui avaient croupi de longues heures au Vel d'Hiv.

Je regardais ces femmes aux corps nus, malodorants, grotesques, se poussant et s'injuriant. Les grandes personnes ! J'apprenais le mépris, la haine, j'apprenais la pitié aussi.

Une femme tenait par la main un enfant étrange, la tête énorme, le crâne monstrueux. Il attendait en silence, ses grands yeux vides perdus au loin[1].

On nous a répartis dans les baraques de bois. Michel et moi préférions celles à châlits mais elles étaient déjà occupées. Nous avons trouvé place dans une longue baraque avec, de chaque côté d'une allée centrale cimentée, une mince couche de paille. Dans la pénombre, les gens, entassés par centaines, les uns près des autres, criaient et s'interpellaient. Maman, Michel et moi étions près de la porte.

Maman contre la paroi de bois. De l'eau s'égouttait sur elle et mouillait la paille.

« Qui vient dormir près de moi ? » a-t-elle demandé. Michel et moi, nous nous sommes disputés. Aucun ne voulait dormir près d'elle et recevoir de l'eau sur la tête, Maman a dit : « Vous craignez plus l'eau que d'être couchés près de maman. »

---

1. Le 7 août 1942, deux enfants sont admis à l'hôpital psychiatrique de Fleury-les-Aubrais, près d'Orléans : Lucien, trois ans, vient du camp de Beaune-la-Rolande, où il était interné avec sa mère, son frère Simon (onze ans) et sa sœur Rachel (treize ans). Charles, six ans, vient du camp de Pithiviers. Les deux enfants seront renvoyés au camp le 21 août « pour rejoindre leurs parents »... En fait, leurs mères ont déjà été déportées à Auschwitz. Eux-mêmes le seront le 28 août (voir *Interné d'office... Les cahiers d'Abraham Zoltobroda*, éditions Cercil, 2007).

Combien de fois, plus tard, j'ai entendu ma mère disant de sa voix tendre : « Qui veut dormir près de moi ? » Et j'ai tant regretté de ne m'être pas jetée tout de suite contre elle pour la serrer dans mes bras.

La nuit, j'ai eu envie d'aller aux cabinets. Mais il était strictement interdit de sortir de la baraque. Du haut des miradors qu'on apercevait par les petites fenêtres, des projecteurs balayaient le camp d'une lumière crue. Les mitraillettes étaient braquées sur nous.

J'ai supplié maman : « Je t'en prie, j'ai trop envie, viens dehors avec moi derrière la baraque. » Nous nous sommes levées sans bruit. Doucement, entre deux passages de projecteur, maman a tourné la poignée.

Mon doigt s'est pris dans la porte. Sous la douleur violente de mon doigt pincé au sang, mes yeux s'emplirent de larmes. J'allais pousser un hurlement que ma mère étouffa de sa main plaquée sur ma bouche.

Je dominais ma souffrance, terrifiée par les rayons blancs des miradors qui transperçaient la nuit.

Ma mère, à Beaune, était tendre et disponible. Il arrivait que d'autres femmes la regardent jouant avec Michel et moi. Elle s'allongeait sur la paille et nous grimpions sur elle, la chatouillant, l'embrassant, mordillant ses oreilles. Une lionne avec ses lionceaux. Nous ne nous lassions pas d'être ensemble. Les femmes autour de nous riaient : « Mais, regardez-les ces trois-là. »

Nous avons retrouvé Joseph le rouquin et sa mère.

Il nous montra son trésor, une pomme de terre qu'il tentait de faire cuire sur un tison de bois. Certains faisaient ainsi des petits feux, en se cachant derrière les baraques. Nous étions tenaillés par la faim. Une faim insatiable, persistante. On nous servait de l'eau avec des haricots dans une boîte. Cela me tordait le ventre. Les accès de fièvre me reprenaient. Maman mettait sa main sur mon front brûlant et soupirait. Nous avons retrouvé Jacques, un jeune homme que nous avions connu à Saint-Biez. Il travaillait à la cuisine du camp. Il nous donna un fond de lait dans un biberon. Avec Michel, nous avons décidé d'en faire du beurre pour pouvoir le lécher. À tour de rôle, patiemment, longuement, nous avons secoué le biberon. Sans succès. Ce devait être de l'eau blanchie.

Tous les enfants chantaient sur l'air de *Bei mir bist du schön* (Pour moi tu es belle) : « À Beaune-la-Rolande, on n'est pas trop mal, mais on bouffe toujours des fayots. Que dirais-tu, ma belle, si on te libérait, mais je ne peux rien dire, car je suis prisonnier. »

On disait qu'on ne retournerait pas à l'école, qu'on nous ferait la classe au camp. Michel m'avait entraînée dans une baraque où, debout sur un châlit, il avait avec d'autres gosses chanté et mimé au milieu des rires.

Il y avait une baraque à l'écart réservée aux hommes. Il était interdit de s'en approcher. On disait qu'il y avait des malades contagieux[1]. Nous avons essayé, à travers les interstices de bois, de voir ce qui se passait à l'intérieur. Des hommes, vieux,

---

1. Le 7 août, une baraque sera transformée en annexe de l'infirmerie pour y accueillir ces malades très contagieux.

jaunes et maigres, allaient et venaient. L'un d'eux s'est avancé vers la fenêtre. Effrayés, nous nous sommes sauvés.

Fin juillet, j'ai appris la mort d'Henri, l'enfant aux boucles brunes du Vel d'Hiv. Toute la nuit, sa mère hurla, devenue folle de chagrin. Je revoyais Henri deux semaines avant, assis près de moi sur les gradins du Vel d'Hiv et sa mère l'embrassant sauvagement.

De l'autre côté des barbelés se tenaient les gendarmes. Souvent les gens du village tout proche venaient nous regarder. Il me semblait qu'ils appartenaient à un autre monde. Les gendarmes les repoussaient, empêchant qu'on leur parle. Un jour, j'ai revu le policier qui avait aidé ma mère à faire évader mes frères aînés. J'ai reconnu son visage aux yeux ronds étonnés. Ma mère lui a passé une lettre que mon père m'a montrée plus tard. Quelques mots étaient écrits d'une écriture fine et penchée :

Ne tombe pas entre leurs pattes.

Les enfants seuls dans le camp
(6 août – 19 août 1942)

On a su que les femmes et les enfants au-dessus de douze ans allaient être transférés dans un camp à l'est pour travailler. Les plus petits viendraient plus tard. Quelques femmes restaient à Beaune avec eux. Ma mère voulait m'emmener. Michel, âgé de sept ans, était trop jeune. Ma mère a demandé à une femme de s'occuper de lui jusqu'à ce qu'il vienne nous rejoindre. Puis elle m'a pris la main et, toute la journée, a essayé de rencontrer Mme La Rochelle[1], la responsable du camp, pour la prier de me faire partir avec elle.

Elle insistait auprès des gendarmes : « Ma fille a neuf ans, elle est raisonnable, je vous en prie, elle est malade, elle ne

---

1. Il s'agit sans doute de Mademoiselle de Lachapelle, assistante sociale.

peut pas rester sans moi. Laissez-la partir avec moi ou laissez-moi rester au camp avec elle. » Mais ses supplications demeurèrent vaines.

Tout le camp était en effervescence. Michel et moi sommes allés jusqu'aux W.-C. situés à une des extrémités du camp. Quelques constructions sommaires faites de planches de bois d'où s'échappaient des relents fétides d'excréments et de Crésyl, qui nous prenaient à la gorge.

Des enfants nous appelèrent : « Eh, venez voir le fond du trou ! » Dans la fosse nauséabonde, mélangés à la merde, brillaient des bagues, des alliances, de l'argent. On riait en se les montrant. C'en était plein, ma parole ! Riche fumier il y avait là !

Les futurs déportés avaient préféré jeter leurs valeurs dans les latrines plutôt que de les remettre aux gendarmes du camp, comme ils en avaient reçu l'ordre. Certains cachaient l'argent dans les vêtements des enfants. Ma mère en avait mis dans le col de nos vestes. « Ne perdez pas vos vêtements », avait-elle recommandé. Mais nous n'avons jamais retrouvé l'argent, ni dans le col ni dans la doublure.

Tout le monde s'est rassemblé au milieu du camp. Les enfants s'accrochaient aux mères, les tiraient par leurs robes. À coups de crosses, de matraques, de jets d'eau glacée, on a voulu nous séparer. C'était une bousculade sauvage, des cris, des pleurs, des hurlements de douleur. Les gendarmes arrachaient les vêtements des femmes, cherchant encore des bijoux ou de l'argent. Puis soudain, un grand silence. D'un côté, des centaines d'enfants, de l'autre les mères et les plus grands. Au milieu, les gendarmes donnant des ordres brefs.

Michel et moi, nous tenant par la main, sans bouger, des larmes séchant sur nos visages, nous regardons maman, immobile, au premier rang du groupe qui nous fait face. De loin, je vois son sourire, son regard tendre. Sa main ébauche un salut. On emmena le groupe et nous sommes restés seuls.

Le soir, allongée sur la paille souillée, je pleurais, mordant mes poings pour étouffer mes cris. Je ne pouvais pas supporter l'absence de ma mère. Je pleurais et mordais mes poings, suppliant intérieurement : « S'il te plaît, maman, reviens. » Je me rappelais le soir de notre arrivée au camp, Michel et moi nous disputant pour ne pas nous coucher près d'elle à cause de l'eau qui s'égouttait. Je voulais que tout recommence. Lui dire combien je l'aimais.

Des années après, un cauchemar revenait hanter mes nuits. Dans un préau où pendaient des grosses lampes, un haut-parleur appelait : « Rachel Muller, Rachel Muller. » Je m'approchais d'une table où un homme écrivait.

Dans mes bras, je portais ma mère morte enveloppée dans une couverture verte. Je pensais Rachel Muller, c'est moi, je suis Rachel Muller et pourtant je leur livrais ma mère en criant : « C'est elle ! »

Des jours durant, je ne cessai de pleurer, prostrée sur la paille où grouillait la vermine. Je ne voulais plus sortir de la baraque. Michel me traînait à l'extérieur pour me faire prendre l'air. Il nettoyait les excréments qui me souillaient.

Dehors, le soleil brûlait les yeux. Nous errions à travers le camp à moitié vide. Il paraissait encore plus grand. Nous errions, couchant d'une baraque à l'autre, déguenillés, maigres, dévorés de poux, cherchant un peu de nourriture. Nous parcourions le sol jonché d'immondices où couraient les rats. On mangeait de l'herbe quand on en trouvait. Personne ne s'occupait de nous. Quelquefois, les gendarmes nous interpellaient brutalement. Cela nous rendait inquiets et craintifs. Nous essayions de les éviter.

Un jour, on nous a poussés vers une baraque, nous tirant d'un côté et de l'autre. À l'intérieur, posées sur une table, des étoiles jaunes qu'on nous cousait sur les vêtements. On nous les traçait également à la peinture jaune, avec un pinceau trempé dans des grands seaux. Ça dégoulinait sur la poitrine, éclaboussait le sol.

Dans l'autre coin de la baraque, un homme tenait une tondeuse. Dans le vacarme, les gifles, les pleurs, on a traîné Michel, avec d'autres garçons se débattant, vers l'homme à la tondeuse. Un par un, il a passé l'instrument juste au milieu de la tête, du front à la nuque, avant de les renvoyer dehors. « Comme ça tu ressembles au dernier des Mohicans », a-t-il dit à Michel qui pleurait. Ça lui donnait l'air grotesque, ce long trait chauve, bordé de cheveux de chaque côté. Michel si fier de sa mèche dorée qu'on lui mouillait chaque matin pour faire un cran. Il était là, pitoyable, son visage blême couvert de larmes qui laissaient des sillons sales, marqué comme un cochon avec sa tonsure blanche. J'avais honte pour lui. Pourquoi les gendarmes n'avaient-ils pas rasé entièrement la tête des enfants ? Étaient-ils amusés par le spectacle ridicule des étranges tonsures qui partageaient la tête en deux ? Les enfants n'osaient plus se montrer, sauf ceux qui avaient trouvé des bérets qu'ils enfonçaient profondément. On m'a rasée aussi, mais je devais être malade.

Je ne m'en souviens pas.

On nous a annoncé que nous allions tous quitter le camp. De bonne heure le matin, portant nos balluchons, nous nous sommes traînés en file, par centaines, jusqu'à la gare. Les plus jeunes étaient transportés en camion. Nous avons marché longtemps, épuisés, traversant le village de Beaune-la-Rolande sous les yeux des habitants. Je haïssais leurs regards. Ils me rendaient encore plus sale. Sur le quai, un long train de wagons à bestiaux attendait. Dans les cris et la bousculade, on nous poussa à l'intérieur. La marche était trop haute. Des enfants tombaient. Les balluchons roulaient à terre.

Certains pleuraient, appelant leur frère ou leur sœur qu'ils croyaient perdus.

Michel et moi, nous nous agrippions l'un à l'autre. J'essayais de retenir ma sandale dont la bride s'était cassée pendant la cohue. Il faisait sombre à l'intérieur du wagon quand la porte s'est fermée. On étouffait, tous entassés. On a commencé à se bousculer pour aller vers la haute lucarne, respirer un peu d'air. J'ai oublié la fin du voyage et notre arrivée à Drancy, sauf la gare aux rails entrecroisés où stationnaient les wagons à bestiaux.

À Drancy (19 août – septembre 1942)

Le camp de Drancy était fermé par un grillage derrière lequel se tenaient des gendarmes armés. Il était formé de bâtiments gris, lourds, inachevés, à plusieurs étages, avec de nombreuses fenêtres qui semblaient des trous noirs. De chaque côté des bâtiments, on longeait une allée où des colonnes soutenaient une avancée cimentée. Les hautes tours sinistres, qui signalaient le camp, étaient situées plus loin, vers la gauche. De là hurlaient les sirènes à l'annonce des bombardements.

À notre arrivée, on a rassemblé tous les enfants au milieu de la cour.

On nous a donné un liquide marron au goût de chocolat à l'eau. C'était bon. L'espoir revenait. On allait être bien dans ce nouveau camp. On allait s'occuper de nous.

Après, nous nous sommes installés dans les chambres en étage, dans le bâtiment de gauche. Nous restions enfermés dans des pièces absolument vides, comprimés, pêle-mêle, couchant sur le sol jonché de déjections. Je ne voulais plus bouger. J'avais perdu ma chaussure. Aussi, quand Michel et moi fûmes appelés, j'ai cru que c'était pour la remplacer. Accompagnés par un gendarme, nous avons marché sous les colonnes grises, moi clopinant à cause de mon pied nu. Mon cœur cognait. Pourquoi nous avait-on appelés ? Nous avions toujours peur de ce qui allait arriver mais je me rassurais, espérant que ça ne pouvait être que pour ma chaussure.

Près de la sortie, on nous a fait entrer dans une petite pièce. Un homme derrière une table a dit : « Vous allez partir du camp, les gendarmes vont vous emmener. » On nous a fait monter dans un car de police, quatre gendarmes nous accompagnaient. Quand la voiture a démarré, Michel et moi, on a crié de joie. On n'arrêtait plus de parler, fébriles, chacun interrompant l'autre.

« On va rentrer chez nous, à la maison ! » On imaginait tout haut notre retour : si on demandait la clé à la concierge. On se cacherait sous la table et on surprendrait tout à coup papa et maman, Henri et Jean. Ça en ferait une bonne surprise. On était sûr de retrouver tout le monde à la maison.

À un moment donné, j'ai tourné la tête vers les gendarmes assis derrière nous. Ils nous écoutaient parler et, silencieusement, ils pleuraient.

J'ai compris qu'on ne retournait pas chez nous, alors, moi aussi, j'ai pleuré.

L'asile Lamarck
(septembre ou octobre – fin novembre 1942)

Les gendarmes nous ont conduits dans une bâtisse immense en plein cœur de Paris, dans le quartier Montmartre, c'était l'asile Lamarck[1]. Dedans régnait la pagaille. On couchait dans des grands dortoirs, les lits collés l'un à l'autre, des matelas posés par terre, avec à peine la place de passer. Il y avait une épidémie de scarlatine. Chaque jour nous soulevions nos chemises pour montrer nos ventres nus où devaient apparaître les petits boutons, premier symptôme de la maladie. Nous pouvions sortir dans la cour. Près de la porte, une longue table

---

1. Le foyer de la rue Lamarck est le service 28 de l'UGIF (voir note page 89). C'est une ancienne crèche dépendant d'une association juive de bienfaisance, que l'UGIF récupère au moment des grandes rafles de l'été 1942. Voir Michel Laffitte, *Un engrenage fatal*, Liana Levi, 2003.

était installée. Parfois, derrière, des visiteurs nous regardaient. Nous n'avions pas le droit de les approcher. Ils nous jetaient de la nourriture, fruits, pain, qu'on enterrait en grattant la terre pour la manger en cachette.

Les poux pullulaient. La chasse aux totos devenait un jeu. Assis par terre au milieu de la cour, Michel posait sa tête tondue sur mes genoux. Je cherchais les poux que j'écrasais entre les ongles des deux pouces. Ça crissait. Après c'était mon tour. J'offrais ma tête tondue à Michel. Tous les enfants faisaient de même, accroupis ou assis dans la cour, comme les singes du zoo de Vincennes.

Quelquefois, on nous amenait dans une salle en sous-sol à l'atmosphère surchargée de vapeur où, dans un vacarme assourdissant, officiait un coiffeur à petites moustaches. Les enfants, se débattant, étaient traînés devant lui sous les huées des anciens déjà tondus. On chantait à tue-tête, sur l'air du carillonneur : « Maudit sois-tu, sacré coiffeur, que Dieu créa pour mon malheur, dès le point du jour sa tondeuse à la main, il nous rase la tête du soir au matin. Quand sonnera-t-on la mort du coiffeur ! » C'était notre ennemi. Nous le haïssions tous.

Chaque jour arrivaient à l'asile des fournées d'enfants sales, squelettiques et boutonneux qui étaient mis immédiatement en quarantaine, dans les dortoirs surpeuplés, avant de se joindre aux autres. Ils venaient de Drancy. L'asile Lamarck servait de plaque tournante pour la déportation des enfants[1].

---

1. Plus d'une centaine d'enfants de cet asile seront pris plus tard par les Allemands, notamment en deux rafles, en février 1943 et en juillet 1944, et déportés. D'autres réussiront à sortir et à se cacher.

À part quelques rares survivants, dont Michel et moi, tous les enfants et les adultes de l'asile ont été envoyés à Auschwitz.

Après la terrible faim de Beaune et de Drancy, nous nous jetâmes sur les plats servis dans le réfectoire bruyant. On les saupoudrait d'une substance jaunâtre qui donnait une odeur et un goût infects à la nourriture. On se disait entre nous qu'il ne fallait pas manger, qu'on faisait sur nous des expériences mystérieuses et horribles. Mais sans tenir compte des refus et des haut-le-cœur, on contraignait les enfants à avaler la nourriture saupoudrée de jaune.

Génie, une femme au sourire triste, s'occupait de nous. Un jour, avec d'autres enfants, je l'ai suivie dans une grande salle. Dans un coin, il y avait un piano. Génie s'est mise à jouer. « Génie ! suppliais-je, laisse-moi essayer. » Génie m'a appris à jouer *Une fleur au chapeau* avec les cinq doigts. J'étais enchantée.

Il y avait des alertes. Nous descendions à la cave. Quand dehors explosaient les bombes, les enfants chantaient, mimaient et récitaient des poèmes sous les applaudissements joyeux de leurs camarades.

À la mi-novembre, on nous annonça qu'on devait aller à l'école. Un groupe d'enfants a été inscrit à l'école communale près de la rue Muller. Le même nom que le mien. Remplis d'appréhension, boule rasée, avec l'étoile jaune obligatoire cousue sur la poitrine, on nous a répartis dans les classes après un bref interrogatoire sur le niveau de nos études. Je m'aperçus avec terreur que j'allais être la seule juive de ma classe. Nous allâmes toutes dans le préau pour la leçon de gymnastique. Je me tenais à l'écart. Je voyais les filles me dévisager en chuchotant. Elles se mirent en ronde autour de moi, montrant du doigt ma boule rasée et mon étoile. Je les entendais rire et se moquer.

Désespérée, j'ai senti que je faisais pipi sur moi. Je ne pouvais me retenir.

Le liquide chaud coulait le long de mes jambes maigres et s'étalait en flaque par terre.

Cela redoubla la joie de mes camarades de classe qui répétaient : « Hou, la pisseuse, hou, la sale juive ! »

C'était affreux. Debout au milieu d'elles, terrifiée, j'avais conscience de mon aspect repoussant, de ma saleté, de mon indignité, de ma dégradation.

La maîtresse est arrivée. Elle m'a prise par la main, m'a emmenée dans son bureau, m'a serrée dans ses bras et bercée tendrement. « Ne pleure plus, mon petit cœur », murmurait-elle. Ses yeux étaient très bleus. Ses cheveux blonds et lisses. Elle était propre et belle et je l'aimais. Ah ! comme je l'aimais !

Je ne retournai pas à l'école. Quelques jours plus tard, une religieuse à cornette blanche est venue nous chercher Michel et moi, accompagnée de Mme Fossié la concierge de la rue de Guignier. On nous a fait attendre dans une salle ronde à côté de la porte de sortie de l'asile. Des enfants se tenaient appuyés contre le mur. J'ai reconnu Manuella. En face de nous, les visiteurs et, parmi eux, la religieuse à la haute coiffe blanche.

Nous étions sales, couverts de poux et tachés d'excréments.

Elle nous a conduits rue du Bac, la maison mère des sœurs de Saint-Vincent-de-Paul. Dans un grand parloir, assis sur des bancs cirés, Henri et Jean nous attendaient. Nous nous sommes précipités dans les bras les uns des autres, riant et pleurant à la fois. Michel et Jean, enlacés, ne pouvaient se détacher. Avant l'arrestation ils étaient inséparables. Jean était le protecteur de son petit frère. Sœur Clotilde, c'était le nom de la religieuse, nous emmena tous quatre à la chapelle pour remercier la Vierge d'avoir permis ces retrouvailles et pour lui demander le retour de maman. Nous nous sommes agenouillés devant le fauteuil sacré où s'était assise l'Immaculée Conception et avons déposé un baiser sur le velours élimé[1]. Sœur Clotilde nous a ensuite donné des médailles de la Vierge et, pour moi, une grosse chaîne que j'ai suspendue autour de mon cou, après y avoir accroché la médaille miraculeuse.

Plus tard, mon père nous raconta ce qui s'était passé depuis la rafle du 16 juillet. La veille, n'imaginant pas qu'on puisse arrêter les femmes et les enfants, il s'était donc caché avec le

---

1. On disait qu'en ce lieu, en 1830, la Vierge était apparue à Catherine Labouré, et qu'en 1915, lors de l'incendie du Bon Marché, la maison des religieuses avait été miraculeusement préservée (une plaque était apposée sur le mur de la cour de l'institution).

père de Rachel chez Mme Fossié, la concierge de la place de Guignier.

Quand il voulut rentrer à la maison, il aperçut des policiers et se réfugia chez le coiffeur, à côté. Un soldat allemand attendait son tour. Mon père, à travers la vitrine, vit un couple de Juifs très âgés, marchant difficilement, poussé par des inspecteurs. Il interpella le soldat, sans même se rendre compte de son imprudence : « Mais que va-t-on faire de ces pauvres vieux ? – Seife », répondit l'Allemand (du savon). Il retourna chez Mme Fossié. C'est là, au soir du 16, qu'arrivèrent Henri et Jean, évadés du préau, portant leur balluchon sur le bras. Que faire ? Rasant les murs, mon père est allé au centre de la Croix-Rouge. Une femme se tenait derrière un bureau, l'expression sévère.

Elle interrompit mon père dès les premiers mots : « Pourquoi ne portez-vous pas votre étoile ? Vous devez porter votre étoile ! » En même temps, sa main tâtonnait vers le téléphone. Elle allait le dénoncer. Mon père s'enfuit.

La nuit était tombée. On avait mis des scellés sur la porte de la rue de l'Avenir. Mme T., la concierge, l'a aperçu de sa fenêtre : « Arrêtez-le, c'en est un ! » cria-t-elle aux policiers qui ratissaient les rues, certains à cheval. Il n'a eu que le temps de se sauver et de se cacher dans la cave, éclairé par une bougie. Mme T. a pillé tout l'appartement, dès notre départ.

Mon père se souvint de la colonie de la Sécurité sociale de La Roche-sur-Yon où nous avions été auparavant. Il prit le train avec Henri et Jean et se présenta devant le directeur de la colonie. « Ici, on ne prend pas d'enfants juifs », répondit le directeur à mon père. Il se rappela Bonnières. Peut-être Tata Annette allait pouvoir l'aider. Elle refusa. Errant avec les deux garçons dans la ville, ils rencontrèrent la patronne d'un hôtel borgne qui, apitoyée, les invita à venir coucher chez elle. C'était une brave femme. Mon père voulait revenir à Paris pour essayer de sauver ma mère, Michel et moi. Elle décida de l'accompagner jusqu'à la gare Saint-Lazare. Sur le quai, il y avait une religieuse. Impulsivement, mon père s'élança vers elle : « Madame, dit-il, aidez-moi. » C'était sœur Clotilde. Elle le conduisit rue du Bac. « Dites-moi toute la vérité, dit-elle. Si Dieu le veut, je vous aiderai. » Elle emmena mon père à la chapelle baiser le fauteuil de la Vierge. Puis lui trouva une chambre d'hôtel et envoya Henri et Jean à L'Haÿ-les-Roses, dans un orphelinat de l'ordre de Saint-Vincent-de-Paul.

Mon père, pour nous faire libérer, avait multiplié les démarches, frappant à toutes les portes. On lui signala un Juif de Galicie, influent, qui collaborait avec les Allemands et la police de Vichy : Israëlovitch. Il réussit à le contacter au siège de l'UGIF[1], lui parla de la Galicie, leur région commune, de la sœur de ma mère qui avait été domestique chez ses parents, à Tarnow, près de Cracovie. Il n'allait pas abandonner un compatriote ! Mon père, enfin, lui offrit toutes ses économies.

---

1. Union générale des Israélites de France, « établissement public autonome », créée par une loi de Vichy, du 29 novembre 1941. Son conseil d'administration, exclusivement composé de Juifs français, est désigné par le commissaire général aux Questions juives.

Israëlovitch se laissa fléchir. Il intervint auprès de la Gestapo. Hélas, pour ma mère c'était trop tard.

L'année suivante, Israëlovitch fut déporté à son tour et ne revint jamais.

Michel et moi fûmes placés à l'orphelinat catholique de Neuilly-sur-Seine. Henri et Jean vinrent nous y rejoindre.

Sœur Clotilde nous avait recommandé de taire dorénavant notre passé et notre véritable identité.
Les cheveux rasés, l'extrême maigreur pouvaient s'expliquer par la maladie. Nous n'étions plus juifs. Rien n'avait existé.

L'orphelinat catholique de Neuilly-sur-Seine
(novembre 1942 – mai 1945)

Il y avait deux bâtiments, à droite les garçons, à gauche les filles. Nous étions séparés, nous retrouvant à la chapelle pour la messe ou à la cave pendant les bombardements.

Le soir de notre arrivée, il y eut une alerte. Je retrouvai Michel à la cave.

Un gros rat passait le long du tuyau, en haut du mur suintant. Michel était assis à quelques pas de moi. Pendant toute la durée de l'alerte, un garçon plus âgé, derrière lui, s'amusait à le pincer. Je voyais la tête ronde et rasée de mon petit frère et les larmes couler sur ses joues pâles. J'avais pitié et tellement honte. Le grand garçon torturait Michel et moi je ne pouvais rien faire.

Je n'osais pas aider mon frère.

Les premières semaines chez les sœurs ont été difficiles. Je ne m'habituais pas, enfermée dans mon chagrin. Les filles chantaient toujours la même chanson « Unissons nos voix avant de nous quitter, je pars pour un très long voyage ». La mélodie, poignante, exprimait tout ce que je ressentais.

J'allais avec les autres orphelines à l'école libre[1]. Le premier jour, Mlle Bosset, la maîtresse, a dit : « Une de vos compagnes a eu les cheveux rasés à la suite d'une grave maladie, soyez gentilles avec elle. » Cependant, je ne pouvais effacer la crainte qu'on devine qui j'étais réellement, qu'on découvre en moi des fautes que j'ignorais. Chaque fois qu'on faisait aux élèves un reproche quelconque, il me semblait voir tous les regards se tourner vers mon visage enflammé. Un jour, Mlle Bosset avait reproché aux élèves d'avoir mis des pierres dans le capuchon d'une de leurs compagnes. Quand la fillette avait relevé sa capuche, les pierres avaient roulé sur sa tête. « Que celle qui a commis cette mauvaise action se dénonce », avait tonné Mlle Bosset. Personne n'avait répondu.

Moi, au fond de la classe, les joues brûlantes, je sentais tous les regards fixés sur moi. J'étais persuadée que tout le monde pensait que c'était moi, que de toute manière j'étais coupable et que je ne pourrais jamais me disculper.

Et ainsi, chaque fois qu'une réprimande collective était faite, je rougissais de honte, incapable de prouver mon innocence,

---

1. Les écoles dites « libres » sont des écoles privées, dans leur très grande majorité catholiques, comme ici.

souhaitant seulement qu'on ne s'aperçoive pas de mon état, craignant qu'un jour ou l'autre, on ne découvre le mensonge de ma vie, ma véritable identité, ma marque infamante de juive.

L'hiver 1942 fut très froid. Nous marchions longtemps de l'orphelinat à l'école, chaussées de nos galoches. Les engelures nous crevassaient les pieds et les mains. Certaines pleuraient sous les morsures de l'hiver glacial.

15 mars 1943 : mon anniversaire.
J'avais enfin dix ans. Je me souviens de cette journée d'anniversaire que personne n'a fêtée. Il n'y avait pas d'école. Le ciel était gris. Il pleuvait.
Le matin, dans la cave, nous avons trié les pommes de terre germées, puis nous nous sommes rassemblées dans le préau.

Quelques filles, parmi les plus âgées, ont attrapé un chat par la queue et l'ont fait tournoyer dans l'air, de plus en plus vite. Le chat poussait des miaulements déchirants qui me transperçaient le cœur. Ce chat qu'on suppliciait, c'était tous mes amis, c'était Michel mon frère, c'était moi.
J'aurais voulu crier « laissez-le, laissez le petit chat », mais je ne pouvais rien faire. Je me tenais seulement dans le coin du préau, la tête tournée contre le mur pour qu'on ne me voie pas pleurer.

Au printemps, dans la cour en terre battue, je creusais des petites tombes et y enterrais les insectes morts que je trouvais. Puis, je restais assise, solitaire, près du léger monticule.

J'avais été familiarisée avec la religion catholique avant la guerre, quand j'allais au patronage. À l'orphelinat de Neuilly, je trouvai un exutoire dans les pratiques religieuses. Je m'y raccrochais. J'aimais cette atmosphère de prières, de cantiques et d'encens. J'avais inventé un système compliqué de signes de croix que je multipliais à l'infini, le soir dans mon lit, la tête cachée sous le drap. Je faisais des signes de croix sur mon front, mes yeux, ma bouche, mon cœur, priant Dieu pour le retour de ma mère mais aussi pour ne pas mouiller mon lit. Depuis l'épisode de l'école de la rue Muller, je craignais un nouvel accident.

Il y avait une fillette de douze ans, Huguette, que tout le monde évitait.

Elle marchait, voûtée, misérable, traînant les pieds, répandant autour d'elle une odeur d'urine âcre et lourde. On l'obligeait à dormir seule, dans le dortoir du 2e étage. Le matin, on la voyait descendre, portant ses draps souillés pour les faire sécher, tandis que Mlle Blanche, la sous-maîtresse, l'abreuvait de sarcasmes.

Les nuits d'alerte, Huguette, la chemise mouillée, tremblante de froid et de peur, nous suivait de loin vers la cave. Il lui était interdit de s'approcher de nous pour ne pas nous empuantir. Il arriva même qu'on l'oubliât, seule dans son grand dortoir, dans le fracas des bombardements.

Chaque matin, Mlles Mandine et Blanche, qui dormaient en bout de dortoir, chacune dans un box entouré de rideaux de drap blanc, nous réveillaient par un « vive Jésus » auquel nous répondions d'une voix ensommeillée « à jamais dans nos cœurs ».

Après un débarbouillage rapide, nous allions à la messe dans la petite chapelle de l'orphelinat avant de déjeuner au réfectoire. Puis nous remontions astiquer le dortoir. La paille de fer, la cire, les patins de feutre sous les pieds, toutes nous nous escrimions à faire briller le parquet de bois. Nous passions de longs moments à nettoyer et à briquer. Le soir, nous astiquions nos chaussures montantes avec autant d'ardeur que le parquet.

Par contre, notre toilette était sommaire. Avec l'eau glacée du lavabo de zinc, nous nous lavions les mains et la figure en nous arrêtant au cou, les pieds une fois par semaine, les cheveux rarement. En trois années d'orphelinat, je n'ai pris qu'un bain, en gardant la chemise…

Nous portions plusieurs uniformes, pour la semaine et le dimanche, pour les beaux jours et pour l'hiver. Ces vêtements avaient servi à plusieurs générations d'orphelines : jupe marine ou écossaise plissée avec pull ou corsage à fleurettes, béret blanc ou marine ou calot à ruban, longues chaussettes et chaussures hautes à lacets. Nous ne devions pas montrer les genoux, aussi étions-nous habillées plus long que les autres fillettes qui fréquentaient l'école libre.

Sœur Marie, qui était très âgée, se désolait de nos jupes qu'elle trouvait encore trop courtes. « Asseyez-vous les genoux serrés, recommandait-elle, recouvrez vos genoux, soyez modestes. Ah, quand reviendront enfin les jupes jusqu'aux chevilles ? »

La coiffure était la même pour toutes : cheveux courts, séparés par une raie au milieu et maintenus de chaque côté de la tête par une barrette en fer.

Sœur Marie marchait difficilement, appuyant son bras sur l'une d'entre nous qui s'enorgueillissait de cette position privilégiée. Prêter son épaule à Sœur Marie pour l'aider à marcher était un honneur. J'étais quelquefois choisie.

Chaque jour, nous priions Dieu pour qu'il protège le Maréchal Pétain.

Nous rajoutions une prière pour M. Chiappe[1] et sa famille, bienfaiteurs de notre établissement. Grâce à eux, nous étions heureuses, recueillies dans cet orphelinat au lieu d'être abandonnées, comme tant d'autres orphelines, à la rue, au froid et à la faim.

J'aimais prier pour le Maréchal Pétain. Durant toute la guerre, nous avons prié pour lui avec ferveur. Pétain, le vieillard dont le visage noble et paternel figurait sur les timbres-poste et les portraits de l'école libre. C'est lui qui, au goûter,

---

1. Jean Chiappe : préfet de police de 1927 à 1934, très populaire dans les milieux conservateurs, proche de l'extrême-droite, révoqué par Daladier en 1934 ; il devient député, se rallie au régime de Vichy, et meurt en novembre 1940, dans un avion abattu sans doute par erreur par l'aviation italienne.

avait permis qu'on se régale des quatre biscuits vitaminés et parfois d'un petit morceau de chocolat fourré d'une pâte blanche et sucrée. « Protégez le Maréchal Pétain », demandions-nous à Dieu et c'est d'une voix vibrante que nous chantions « Maréchal, nous voilà, devant toi le sauveur de la France ».

La faim nous tenaillait, mais Sœur Marie disait : « Remerciez Dieu car d'autres ne mangent rien. » Le matin, après la messe, on nous servait une soupe, le plus souvent aigre et sure, qui nous donnait la nausée. Nous mangions des rutabagas, des topinambours et des haricots pourris. Nous les triions nous-mêmes, d'un côté les noirs, de l'autre les blancs. Les noirs, nous les retrouvions dans notre assiette, les blancs étaient servis aux religieuses qui mangeaient dans une autre salle et aux sous-maîtresses attablées à part, dans notre réfectoire.

On voyait les plats odorants leur arriver, même des frites ! Mais nous, n'y avions jamais droit. À la fin du repas, de notre doigt humecté de salive, nous récupérions chaque miette de pain noir et pâteux collé sur la table autour de notre assiette, l'œil sur nos voisines pour qu'elles n'empiètent pas sur la place de l'autre. L'assiette et la table étaient impeccablement nettoyées.

Les haricots pourris me donnaient de violents maux de ventre qui me faisaient parfois me rouler par terre de douleur.

Souvent, je retrouvais à la chapelle, Henri et Jean, servant la messe en chasuble et surplis de dentelle blanche.

Mlles Mandine et Blanche, les sous-maîtresses, étaient des vieilles filles aux cheveux gris, anciennes pensionnaires de l'établissement qui, à l'âge adulte, n'avaient jamais quitté l'orphelinat. Elles étaient situées en dessous des religieuses dans la hiérarchie mais bénéficiaient d'un certain nombre de faveurs comme une nourriture nettement améliorée. Manger à la table des demoiselles était un privilège rare qui n'était réservé qu'aux visiteurs, membres de la famille ou ancienne orpheline.

Mlle Mandine était sévère mais juste. Elle souriait peu et travaillait beaucoup à l'ouvroir[1], nous apprenant à coudre, repriser et broder. Avant les repas, elle avait pour habitude de nous faire réciter la prière d'actions de grâce en se frottant constamment les mains. Elle les frottait paume contre paume, les pressait, les enveloppait. Les ongles devenaient blancs.

Mlle Blanche était dure, stupide et peureuse. Elle prenait plaisir à terroriser les fillettes les plus jeunes mais, quand survenait un bombardement, on voyait Mlle Blanche dans le coin de la cave, tremblant et implorant Dieu à grands cris : « Oh, là, là, là ! Mon Dieu, ayez pitié de moi ! »

Sœur Marie, excédée, disait : « Un peu de tenue Blanche, montrez l'exemple voyons ! »

Mlle Blanche essuyait sa morve et ses larmes du revers de la main. Ça nous vengeait de la voir dans cet état.

---

1. Ouvroir : dans une communauté religieuse, lieu réservé pour les travaux de couture.

Peu à peu, une certaine tranquillité d'esprit me revenait. Je priais et chantais des cantiques toute la journée, au point que sœur Marie disait : « Annette, plus tard, entrera en religion. »

Un élément important avait contribué à me rassurer. Mon lit, au dortoir, était près de la chambre de sœur Marie. Le soir, après mon cérémonial habituel de signes de croix, je l'entendais rentrer dans sa chambre. Le bruit de la clé dans la serrure était exactement le même que celui que faisaient mes parents quand ils revenaient à la maison le soir, après le cinéma ou une visite chez le voisin pour écouter la radio.

Allongée sous les couvertures, à l'affût, l'oreille tendue, retenant mon souffle, j'attendais et quand sœur Marie sortait sa clé, pendant quelques secondes, c'étaient mon père et ma mère qui rentraient à la maison. Rassurée, je pouvais enfin m'endormir.

Je dévorais la vie des saints. Un gros livre aux pages épaisses, relié de rouge et d'or. Je ne pouvais me rassasier de la description du martyre qu'ils avaient subi. Pendant la couture, c'était moi, le plus souvent, qui étais chargée d'en faire la lecture aux autres filles et c'est la voix frémissante que je détaillais à mes compagnes toutes les tortures infligées aux Saints Martyrs que le livre étalait complaisamment.

Nous chantions la chanson du Missionnaire : « Je partirai, Dieu gardera ma mère et, là-bas, je mourrai, pauvre missionnaire. » C'était décidé, je deviendrais sœur missionnaire pour convertir les sauvages.

J'aimais l'odeur de la chapelle, les dorures, les statues aux couleurs vives, le napperon de dentelle et les fleurs de l'autel, le bruissement des robes, le tintement de la clochette du Saint-Sacrement, le contact du missel aux feuilles soyeuses et jaunies. Je lisais les quatre Évangiles racontant la Passion du Christ, collectionnais les images pieuses représentant Jésus, la Vierge, les saints et les anges, le visage entouré d'une auréole dorée. Je suppliais qu'on me baptise enfin.

Ce fut fait, en même temps que Michel. Mme Fossié, la concierge de la place de Guignier, devint notre marraine et Henri, déjà baptisé avec Jean, fut notre parrain. Sœur Clotilde, venue spécialement de Paris, assista à la cérémonie, accompagnant Mme Fossié traînant son gros corps poussif sur des béquilles.

J'étais une vraie chrétienne. J'allais pouvoir me confesser, être pure, être comme les autres.

Seule, dans la cour de l'orphelinat, je regarde le ciel et les nuages. Peut-être Dieu va-t-il m'apparaître. Je l'implore à grands gestes. « Dieu, Dieu, réponds-moi. » Un jour, une pensionnaire, éberluée, s'approcha de moi : « Tu parles aux nuages, maintenant ? » demanda-t-elle, moqueuse.

Malgré ma piété, il me prenait parfois des impulsions violentes qui me faisaient rompre d'un coup la monotonie de la discipline de l'orphelinat.

Au cours d'un repas au réfectoire, j'avais salué de « mmm ! mmm ! » expressifs l'arrivée d'un plat de frites odorantes sur la table des sous-maîtresses.

Puis avec ma fourchette, je tapai sur mon assiette, bientôt imitée par mes compagnes.

C'était grave et inhabituel. Je dus m'agenouiller au milieu du réfectoire. « Baise la terre », cria sœur Marie, qu'on était allé quérir. C'était la punition. On devait ainsi s'humilier. Sœur Marie appuya sa main sur ma nuque pour la faire plier. « Baise la terre », répétait-elle.

Moi, prosternée, la bouche au ras du sol, dans un dernier sursaut de révolte, je postillonnais. La supérieure est arrivée. On l'appelait « ma Mère ».

Elle s'adressa à moi avec tristesse : « Comment, toi, Annette, dont on m'a dit la grande piété ! il faut vite aller te confesser. »

Il m'arrivait aussi d'être récompensée. À l'école libre par exemple où, au fil de la journée, les leçons alternaient avec les prières.

L'histoire surtout me plaisait. Je découvris la Révolution française. Mlle Bosset vouait à Robespierre une rancune particulière, qu'elle nous fit partager. Elle nous décrivait l'être cruel et machiavélique qui offrait des pralines aux enfants innocents et massacrait le bon roi Louis XVI, la pieuse Marie-Antoinette et le gentil Dauphin.

C'était le vieux curé, celui qui disait la messe à la chapelle de l'orphelinat, qui distribuait les récompenses à celles qui avaient eu de bons résultats à l'école. Il arrivait à petits pas, vieux et voûté, branlant la tête. Les récompenses consistaient en un grand ruban barrant la poitrine, à la façon de l'écharpe des maires, et une médaille d'argent qu'on épinglait près du cœur.

Quand on m'appelait, je m'avançais vers l'estrade et, le front baissé, fléchissant le genou, je faisais la révérence au vieux curé qui chevrotait : « Muller, Muller, tu es une petite Alsacienne avec un nom comme ça ! » Il était Alsacien lui-même et, chaque fois qu'il me remettait la croix, il reposait la même question : « Tu es une petite Alsacienne, comme moi ? » Je n'osais lui répondre mais un jour, j'ai chuchoté : « Non, je suis Polonaise. » Les yeux du curé sont devenus ronds. Il n'a plus rien dit, se contentant désormais d'épingler la croix de ses mains tremblantes.

Quelquefois, j'apercevais mes frères, surtout Henri qui prenait son rôle de parrain au sérieux. Il parvenait à tromper la surveillance par toutes sortes de ruses pour me rencontrer.

Il me racontait la vie à l'orphelinat des garçons. Ils étaient également encadrés par des sous-maîtresses, dont l'une, Mlle Pauline, boitait bas. C'était une grande femme maigre et ridée, aux cheveux gris clairsemés.

Les garçons s'amusaient à faire tomber un objet devant elle, pour la voir se pencher en équilibre, sa jambe raide tendue très haut derrière elle, afin de ramasser le papier ou le mouchoir à terre. Ils espéraient qu'un jour elle tomberait, mais toujours elle rétablissait la position, en claquant sèchement les mâchoires.

De temps en temps, nous recevions un colis, péniblement amassé par mon père qui allait de ferme en ferme au péril de sa vie. Le colis était réparti entre les sœurs et les sous-maîtresses. On nous expliquait que cela évitait de susciter l'envie de nos camarades. Un jour, Henri a voulu prendre un colis envoyé par mon père : il s'est fait traiter de voleur.

Le soir, les garçons comme les filles faisaient des prières interminables, à genoux sur le banc, de chaque côté des tables du réfectoire. Sœur Germaine était en face, debout, mains jointes sur son ventre rebondi, ses petits yeux braqués sur les garçons en prière.

Dans la cour des filles, près des W.-C., il y avait un cagibi qui excitait notre curiosité. Il contenait des jouets donnés aux orphelines par les bienfaiteurs de l'établissement. Mais, depuis le début de la guerre, le cagibi restait fermé à clé. Les jouets étaient interdits.

Nous allions en promenade, marchant en rang avec nos bérets blancs et nos jupes plissées. Nous passions devant les monuments flanqués du drapeau allemand à la croix gammée évoquant un crabe. Nous allions au parc Monceau, au bois de Boulogne.

Un dimanche ensoleillé, nous nous sommes trempé les pieds dans un ruisseau du bois de Boulogne. L'eau était fraîche, nous agitions doucement nos orteils avec des rires de plaisir.

Au loin, on entendit des rafales[1]. Les oiseaux s'envolèrent en piaillant. Mlle Maudine dit : « On punit les terroristes. »

C'était une belle journée. Les pieds propres, qu'il était agréable de marcher sous les grands arbres !

Peu de temps auparavant, nous avions assisté à l'enterrement de M. Chiappe, notre bienfaiteur. On disait qu'il avait été assassiné par les ennemis de la France[2].

Placées derrière le corbillard tendu de noir et d'argent, en jupes marine, bérets et chaussettes blanches, nous défilions lentement sur les Champs-Élysées. Les gens, massés sur les trottoirs, regardaient et se signaient en silence. C'était magnifique.

Les bombardements intensifiaient leur fréquence. Dans la cave humide, nous nous étions habituées à la visite de Gaspard, le gros rat gris aux yeux fureteurs, qui trottait le long du tuyau gras, tandis que Mlle Blanche, incapable de maîtriser sa frayeur, priait d'une voix geignarde.

Une nuit, après l'alerte, nous vîmes arriver à l'orphelinat des gens couverts de sang et de poussière, pleurant et gémissant. Ils fuyaient les bombardements. « C'est épouvantable, disaient-ils, tout est en feu. » En effet, dans le lointain on apercevait le ciel tout rouge.

---

1. Ce bruit des rafales provient du Mont-Valérien. C'est un lieu d'exécution d'otages et de résistants. Il se trouve à environ 1,5 km du Bois de Boulogne.
2. Il s'agit très certainement d'un hommage posthume, puisque l'avion de Jean Chiappe est tombé dans la Méditerranée le 27 novembre 1940.

La région devenait dangereuse. Il n'y avait plus rien à manger. On décida de nous évacuer à la campagne : les garçons à Drouilly, dans la Marne, les filles à Saint-Rémy-sur-Durolle, dans le Puy-de-Dôme, à une cinquantaine de kilomètres de Clermont-Ferrand.

Nous étions 18 filles de six à dix-huit ans, avec Mlle Mandine et Sœur Marie. Mlle Blanche était partie avec les garçons. Une nouvelle pensionnaire nous accompagnait, Camille, une fillette blonde, frisée et grassouillette, dont l'aspect robuste et rieur contrastait avec celui, triste et étriqué, des autres orphelines. On disait qu'elle appartenait à une riche famille de Neuilly qui l'avait confiée aux sœurs pour la soustraire aux bombardements.
Nous fûmes accueillies dans un couvent, grande bâtisse carrée à deux étages, située en dehors du bourg.
Le couvent recueillait des fillettes venues de tous les coins d'Auvergne. Les sœurs, d'un autre ordre religieux que celles de Neuilly, étaient habillées de voiles et de robes noires. Sous le voile, un bonnet blanc empesé enserrait leur visage.

Nous vivions totalement séparées du reste du couvent. Dans la journée, nous nous tenions dans une salle sombre, exiguë, en sous-sol, aux murs épais, éclairés faiblement par une lucarne. Nous y prenions nos repas, faisions du raccommodage, de la couture pour les dames du village et de Thiers, éloigné de 7 km, et nous passions nos matinées à faire les pluches pour le couvent. Les pluches étaient, en quelque sorte, notre écot en échange de notre hébergement.

Elles duraient des heures, les épluchures à la fin s'amoncelant en montagne devant nous. Nous grignotions en même temps un bout de carotte, de navet ou des épluchures de pommes qui nous calmaient la faim.

Après le repas, nous allions nous promener jusqu'au Calvaire ou au pied de la Croix. Nous faisions une prière. Toute la région s'offrait à nos yeux.

C'était la fin de l'été 1943. Dans les champs, les branches des pommiers et des poiriers ployaient sous les fruits lourds et juteux. À l'horizon, le puy de Dôme dessinait deux bosses dans le ciel. « C'est un volcan endormi, disaient les grandes, un jour, sans prévenir, il se réveillera et lâchera des flammes. » Nous écoutions, songeuses et vaguement inquiètes.

Dans les rues de Saint-Rémy, nous buttions sur des monticules de lames enchevêtrées : les couteaux Pradel. Les couteaux, la principale activité du pays, gros canifs aux multiples lames ou couteaux miniatures à manche nacré. On prononçait le nom de Pradel avec respect. Son nom fut rajouté à nos prières, avec ceux de Chiappe et Pétain.

C'était pour les riches familles de couteliers que nous brodions les trousseaux, draps, serviettes et mouchoirs ajourés, marqués au tambour d'initiales exécutées minutieusement, linge de dessous soyeux et brillant, bordé de dentelle frivole, qui faisait rêver les plus âgées des orphelines.

Pendant les pluches et la couture, nous récitions plusieurs chapelets, sous la surveillance de sœur Marie. Stimulées par Mlle Mandine, nous avions acquis une extraordinaire virtuosité, débitant le chapelet à une telle allure que seules la première et la dernière phrase étaient détaillées, le reste étant noyé dans un embrouillamini incompréhensible ou quelques mots, Marie… béni…, surgissaient de-ci de-là.

Sœur Marie, assise sur une chaise, somnolait. Quand elle relevait ses paupières fripées, la cadence ralentissait automatiquement.

Le soir, nous mangions des châtaignes bouillies ou des pommes de terre tièdes en robe des champs, arrosées de vinaigre de vin. Nous les écrasions avec la fourchette jusqu'à en faire une purée compacte qui collait au palais. C'était délicieux, mais ça dégoûtait Mlle Mandine qui disait : « Vous mangez comme des cochons. » Au contraire, sœur Marie, qui déjeunait à part, nous encourageait quand elle nous rejoignait dans la petite salle : « Écrasez, écrasez, mes enfants, mangez, c'est bon ! »

Après la corvée de vaisselle que chacune faisait à tour de rôle et la longue prière du soir, nous allions nous coucher dans un dortoir au 2e étage, dans des lits de bois, campagnards, très hauts. La plupart des filles dormaient à deux, moi avec Marguerite.

Nous grimpions dans le lit en forme de bateau comme on part à l'aventure et, couchées sous le drap, nous nous racontions des histoires. Au milieu du dortoir, il y avait un seau hygiénique qui nous servait pendant la nuit.

Le fait d'être à part du reste du couvent avait renforcé les liens entre les orphelines de Neuilly. Malgré le froid qui nous crevassait les mains, le travail, l'excès de prières, la discipline sévère, il régnait entre les réfugiées de l'orphelinat une atmosphère presque familiale.

Je reçus un colis de mon père. Il contenait un peignoir bleu à fleurs roses, comme une robe de princesse. Le tissu satiné avait une odeur de linge frais.

Il fut rangé avec mes affaires, je n'avais pas le droit de le porter. Sœur Marie me dit : « Ton père est un homme bon et courageux, tu dois le remercier. » J'écrivis en m'appliquant : « Cher papa, ça m'a fait bien plaisir de recevoir ton colis. S'il te plaît, envoie-m'en un autre. » Sœur Marie, qui lisait toujours notre courrier, fut scandalisée : « Il ne faut jamais demander, me dit-elle, cela ne se fait pas. Écris à ton papa : Merci mon cher papa pour ton gentil colis. Quel dommage que tu ne sois pas dedans. »

La lettre ainsi rédigée dut plaire à mon père qui vint à Saint-Rémy quelque temps après, bravant, pour me serrer dans ses bras, les dangers les plus grands. Il habitait Périgueux, travaillant sous un faux nom, échappant à plusieurs reprises aux arrestations. Quand il décida de venir me voir, il vit un barrage d'Allemands à la gare. Avisant une jeune mère, il saisit son bébé dans ses bras, murmurant : « Je vous en prie, ne dites rien. » Marchant près de la femme, il put traverser la gare sans être inquiété.

Il arriva de bon matin à Saint-Rémy. C'était la Toussaint. Au couvent où il s'était présenté, on lui répondit d'attendre à l'hôtel du village. J'étais au cimetière, je viendrais le rejoindre plus tard. De la fenêtre de l'hôtel, il pouvait me voir au milieu de mes compagnes, avec Sœur Marie et Mlle Mandine. Nous allions de tombe en tombe, certaines à demi effacées, envahies d'herbes folles. Devant chacune d'elles, nous récitions une prière. Sœur Marie disait : « Les tombes les plus anciennes méritent davantage d'attentions. Pauvres âmes errant au purgatoire. Personne ne vient plus prier pour elles. » Nous y avons passé la matinée, aucune ne fut oubliée. À midi, enfin, j'ai pu retrouver mon père.

Il avait changé. Il avait trente-quatre ans mais je le trouvais vieilli, des rides profondes marquant ses mains autrefois douces et lisses. Pourtant il était toujours coquet, les cheveux plats et parfumés. « Tiré à quatre épingles, répétaient sœur Marie et Mlle Mandine, propre et soigné, pas comme toi, ma pauvre fille. Tu n'es guère digne de lui, tu ne mérites pas un tel père. »

J'étais fière de lui mais il ne pouvait pas se vanter de moi. J'étais voûtée, la tête rentrée dans les épaules, ayant gardé, depuis l'étoile jaune, l'habitude de raser les murs. Nous fûmes reçus par la volumineuse supérieure du couvent, au visage rond de pleine lune. Mon père était en extase. « Voilà une belle femme, répétait-il enthousiasmé, c'est comme elle que j'aimerais que tu sois plus tard ! »

Mais je ne pouvais supporter l'idée que mon père fût incroyant. J'avais l'impression qu'un gouffre nous séparait. Avant son départ, je le suppliai de se convertir : « Promets-moi de te faire baptiser. » Il promit tout ce que je voulais, content de me voir apaisée.

Il venait d'être enfermé des mois au camp de Chancelade. Il passa par Tulle où il vit les otages pendus, accrochés aux crocs des vitrines des bouchers[1]. Caché derrière une haie, il vit des SS assassiner froidement deux amoureux s'embrassant sur un banc public.

À quelques kilomètres du couvent, il y avait une ferme. Nous y allions le dimanche. Quand vint le temps des cerises, nous aidâmes à les ramasser.

On nous laissa nous en gaver. Avec des cris et des rires, nous nous en barbouillions les lèvres, les accrochions à nos oreilles. Des cerises grasses, noires et juteuses. La fermière confectionna un clafoutis dont elle nous offrit une part toute chaude, avec un verre de lait.

Dans la cour du couvent, je dessinais à la craie des maisons sur le sol.

---

1. Après une offensive de la Résistance, le 7 et 8 juin 1944, l'arrivée d'éléments de la division SS Das Reich contraint les maquisards à évacuer la ville. Le 9 juin 1944, après avoir raflé les hommes de seize à soixante ans, les SS et des membres du Sipo-SD pendent 99 personnes. Dans les jours qui suivent, 149 hommes sont déportés à Dachau, où 101 perdent la vie. Au total, les crimes de la Wehrmacht, de la Waffen-SS et du Sipo-SD font 213 victimes civiles à Tulle. Le père d'Annette est donc passé à Tulle après le 9 juin 1944.

Un grand rectangle que je partageais en plusieurs pièces. J'imaginais la guerre finie. Et voilà ma chambre et celle de mes frères, celle de mon père et de ma mère. J'étais persuadée que Dieu écouterait mes prières, que je retrouverais ma mère et ma maison et que tout recommencerait comme avant.

Nous allions à la messe plusieurs fois la semaine. Dans l'air vif du matin, nous traversions le bourg jusqu'à la place de l'église. Parfois, on entendait les cris rauques et poignants du cochon qu'on égorgeait. Ses hurlements nous poursuivaient jusqu'à l'église, spacieuse et imposante, où officiait un jeune curé. Il nous étonnait. On le voyait s'activer, soutane retroussée et marteau à la main, grimpant sur une échelle, plantant un clou ou réparant un prie-Dieu.

Nous nous disputions pour raccommoder ses chaussettes noires, couvertes de reprises, au point fin et perlé. La main enfouie dans le bas, je m'appliquais, louchant sur mon ouvrage, faisant cliqueter l'aiguille contre le dé, me mordant la langue pour mieux me concentrer.

Il était interdit de se servir d'un œuf de bois pour repriser. C'était vulgaire. L'œuf faisait des poches. De plus, c'était la facilité, comme les trop longs fils qu'on appelait des « aiguillées de paresseuse ».

Il fallait un fil court.

« Une bonne couturière n'a pas peur d'enfiler l'aiguille autant de fois qu'il le faut », disait Mlle Mandine d'une voix sévère, quand elle surprenait une élève récalcitrante. Un jour, nous fîmes une exposition-vente de nos travaux.

Des dames endimanchées sont venues de Saint-Rémy et de Thiers admirer les broderies exécutées par les orphelines réfugiées.

Au printemps 1944, Marguerite et moi, fîmes notre communion privée. Agenouillées dans l'église, une couronne de fleurs blanches sur les cheveux, les yeux fermés, le chapelet à la main, nous reçûmes l'hostie. C'était fade et pâteux, difficile à avaler ! Il ne fallait surtout pas la toucher des dents, c'était le corps et le sang de Jésus-Christ.

Le dimanche, nous allions trois fois à l'église. Pour la messe du matin, l'après-midi les Vêpres et le soir le Salut. J'aimais le cantique du soir à l'accent mélancolique « Reste avec nous, Seigneur, la nuit descend ».

Ce fut la Libération[1]. On entendait crépiter les balles. À genoux dans le dortoir, au pied du lit, nous priions. « Jésus, Marie, protégez nos vaillants miliciens, punissez les terroristes. »

Les sœurs nous avaient appris que les miliciens étaient les défenseurs de l'ordre, de la religion, les soutiens du Maréchal Pétain. Elles nous avaient inculqué, par contre, la peur et l'horreur des terroristes ou réfractaires, des communistes bolcheviks et des francs-maçons. On disait de ces derniers qu'ils se réunissaient dans des caves où ils faisaient des choses diaboliques et innommables. Qu'il fallait se signer en les

---

1. Les maquisards auvergnats obtiennent la reddition de la garnison allemande de Thiers le 25 août, et libèrent Clermont-Ferrand le 27.

évoquant, comme on devait le faire devant le drapeau rouge sanglant, orné de la faucille et du marteau.

Nous avons appris la victoire. Nous pensions que c'était celle des miliciens. Sœur Marie et Mlle Mandine aux fenêtres criaient « c'est la victoire ».

Nous tournoyions autour d'elles, sautant et battant des mains. Ma mère allait revenir. J'allais rentrer à la maison.

Le curé de Saint-Rémy avait pavoisé l'église. Même l'autel était drapé de tricolore. Avec tous les gens du bourg, nous avons assisté à la grand-messe. « Rendons grâce à Dieu d'avoir permis la victoire sur les Allemands », dit le curé, les bras ouverts, l'étole pendant sur la poitrine. Nous priâmes avec ferveur. Le chant des cantiques remplissait la nef. Au pied des statues de la Vierge et des Saints, des fleurs fraîches embaumaient. De chaque côté de l'autel, les bougies, piquées en couronne sur des socles, faisaient vaciller leur flamme. C'était superbe.

Nous allâmes à Thiers que nous avions connu plein d'Allemands en uniformes vert-de-gris. Les murs des maisons étaient troués de balles. Les drapeaux tricolores avaient remplacé ceux à la croix gammée. Il y en avait sur chaque fenêtre. Parfois, un rouge avec la faucille et le marteau. Nous détournions alors la tête en faisant un rapide signe de croix. Tous les soldats allemands avaient disparu.

Dans la rue principale, nous aperçûmes la foule bousculant et huant des femmes tondues et apeurées.

Nous revînmes à Saint-Rémy. On annonça l'arrivée des Américains. Les gens étaient surexcités. De quoi avaient-ils l'air ? À l'école, rue de l'Avenir, nous nous vantions devant les copains d'avoir un oncle, le frère de maman, qui habitait un gratte-ciel plongeant dans les nuages. Les gosses du quartier écoutaient bouche bée. L'Amérique était le bout du monde. Un monde extraordinaire.

À Saint-Rémy, on disait que les Américains n'étaient pas comme nous, qu'ils mangeaient des nourritures bizarres, se servaient de pommade dans un tube pour se laver les dents au lieu de poudre rose.

Mais nous sommes retournées à Neuilly. Par la vitre du train, on apercevait les maisons, les églises, les ponts éventrés par les bombes.

À l'orphelinat, rien n'était plus comme avant. Il n'y avait plus de discipline.

On nous a enfin ouvert le cagibi rempli de beaux jouets.

Les sœurs nous ont laissées rentrer dans leurs appartements. Elles mettaient des disques sur un phonographe, de vieux disques éraillés. Des chansons légères ou de corps de garde que nous reprenions en chœur, avec elles, en tapant des mains : « Avec l'ami Bidasse, on n'se quitte jamais, attendu qu'on est tous deux natifs d'Arras, chef-lieu du Pas-de-Calais » et « Monte là-d'sus, petite Chichinette et tu verras Montmartre ! »

On aurait dit que la Libération avait tourné la tête de tout le monde.

Un bouleversement. Un grand vent de folie balayait l'orphelinat. On nous emmena au Musée Grévin, au cimetière des chiens à Asnières, au cinéma voir *Nous les gosses*, à une séance réservée aux orphelines et aux invalides.

Je me demandais ce que signifiait « invalides » jusqu'à ce que je les voie arriver avec leurs visages pâles et bouffis, traînés sur des fauteuils roulants.

Nous allâmes rendre visite aux orphelins d'Auteuil, « des vrais malheureux », nous avait-on dit. Dans cette maison, on plaçait les adolescents en âge d'apprendre un métier. Devant la grande bâtisse blanche, nous nous taisions, emplis de crainte et de pitié.

Nous sommes allées prier au Sacré-Cœur, à la Madeleine, nous nous sommes mêlées sur les Champs-Élysées à la foule qui applaudissait le défilé des libérateurs. Il y avait des tanks et des jeeps couverts de fleurs. Des jeunes filles souriantes, enlaçant des soldats, nous envoyaient des baisers.

Un jour, est arrivé à l'orphelinat un groupe de fillettes, sales, affamées, au regard orgueilleux, venant de Roumanie. Elles fuyaient leur pays envahi par les bolcheviks. Leur passage fut éphémère.

À l'occasion de la victoire, la mairie de Neuilly offrit aux orphelines un livret de Caisse d'Épargne, avec une somme de 25 francs. On nous annonça que le général de Gaulle allait visiter la ville, qu'il passerait devant l'orphelinat.

Les sœurs étaient en effervescence. Elles nous firent aligner sur le trottoir, devant la grille d'entrée de l'établissement. Comme il faisait frais, nous étions affublées de vieux châles à l'odeur de naphtaline, sortis du fond d'un placard pour la circonstance et qui nous couvraient les épaules et la taille.

Nous attendions, le nez rougi. En ma qualité de première au catéchisme, je tenais un bouquet de fleurs. Plusieurs voitures se sont arrêtées.

De Gaulle est descendu, immense, entouré d'une escorte qu'il dominait de sa taille. Poussée par sœur Marie, je me suis avancée, le bouquet à la main, gênée par le grand châle qui m'emmitouflait. De Gaulle s'est penché vers moi, a embrassé mes joues glacées puis avec un geste de la main, il a salué les sœurs et les orphelines. L'émotion nous paralysait. Depuis peu, dans nos prières, de Gaulle avait succédé à Pétain.

Un dimanche, mes frères et moi fûmes appelés au parloir. Mon père était là, sentant bon l'eau de Cologne. Ce fut une réunion très froide. Nous étions tous intimidés. Jean, devenu long et maigre, dit à mon père, le vouvoyant : « Je vous préviens, j'ai l'intention de devenir prêtre et vous ne m'en empêcherez pas. » « Et moi, je serai religieuse », renchérissais-je à mon père effondré. Henri nous regardait, moqueur. Michel semblait indifférent.

Mon père plaça mes frères dans un foyer de garçons juifs à Versailles.

Je le suppliai de me laisser à l'orphelinat encore quelques mois, jusqu'à ce que je fasse ma communion solennelle.

Il me sortit deux jours à Pâques. Je dormis avec lui dans la chambre d'hôtel qu'il occupait rue de Chine à Paris dans le XXe. Il n'avait pu rentrer rue de l'Avenir, l'appartement, pillé et dévasté, étant occupé par un policier qui l'avait menacé avec un couteau quand il avait voulu le récupérer. Au moment du coucher, mon père aperçut la chaîne que je portais autour du cou, où pendaient mes médailles. Il y avait la Vierge, les saints, la croix et mon ange gardien. Ça faisait une grosse bosse sous ma chemise. « Mais ça pèse lourd, au moins un kilo, tu vas te blesser avec ça ! » Je les recouvris de mes mains : « N'y touche pas ! » m'écriai-je.

L'après-midi, il m'avait emmenée à l'hôtel Lutétia[1], me demandant de porter la récompense obtenue à l'école, afin que maman en arrivant soit fière de sa fille. Dans le hall, les gens se bousculaient, entourant des hommes et des femmes en pyjamas rayés, pleurant et s'interpellant en yiddish. C'étaient les déportés. Maigres, le regard fixe. Nous attendions maman. C'est là qu'elle devait arriver. C'est là que mon père venait l'attendre, jour après jour, en vain.

Le matin du dimanche de Pâques, je prévins mon père : « Il faut que j'aille à la messe, manquer la messe ce jour-là est un péché mortel. » J'avais repéré, la veille, une église rue Pelleport. Je suppliai mon père : « Laisse-moi aller à l'église. » Il essaya de détourner mon attention : « Reste avec moi, Ranelé, viens, on va acheter du chocolat. » Il savait que j'en

---

[1]. D'avril à août 1945, le Lutétia, palace parisien du boulevard Raspail, est réquisitionné pour accueillir les déportés.

raffolais. Mais le temps qu'il fasse ses achats, j'avais disparu de la boutique. Il me retrouva les bras en croix, agenouillée dans l'église, chantant « Alléluia, Alléluia », au milieu des fidèles.

Nous sommes allés voir mes frères à Versailles[1]. Nous marchâmes à travers les rues étroites de la ville. Le foyer était situé au fond d'un grand jardin.

Les garçons erraient, totalement libres. À l'intérieur, il y avait des lits de camps avec des couvertures militaires. Tout paraissait sombre et vétuste.

La différence était frappante avec l'ordre et la propreté qui régnaient à l'orphelinat. Pourtant on sentait une ambiance légère, gaie et accueillante.

Je revins à Neuilly et me préparai, avec Marguerite, à faire ma communion solennelle. Un nouvel abbé avait remplacé le vieux curé à la tête branlante, c'est lui qui nous apprenait le catéchisme. Les sœurs nous faisaient lui porter notre ration de lait, dans une bouteille, que nous déposions à la porte du presbytère.

La salle du catéchisme était contiguë à la chapelle Saint-Jacques. Près de la porte, il y avait un harmonium fermé à clé. Je le caressais de la main. Quelquefois l'abbé nous montrait des films de Tintin. Il me permettait de tourner la manivelle du projecteur de cinéma.

---

1. Il s'agit de la Colonie scolaire, ouverte à Versailles dès 1945 pour des jeunes destinés à faire des études secondaires. C'était une émanation du comité clandestin de la rue Amelot. La maison de Versailles était dirigée par un couple d'origine russe, les Tcharikow. On manquait de tout, linge de maison, serviettes de toilette, draps, etc.

Dans le dortoir vide du 2⁰ étage, on nous fit choisir nos robes blanches. Elles avaient déjà habillé des générations de communiantes orphelines. Mlle Mandine les avait étalées sur deux lits. Des robes, des voiles, des bonnets, des aumônières d'organdi avec des broderies et des dentelles. Nous étions émerveillées.

La veille de ma communion, Sœur Clotilde est arrivée de Paris. Toutes les sœurs se réunirent avec l'abbé. On me fit appeler. Sœur Clotilde me dit : « Tu ne peux pas faire ta communion solennelle. Mais ça ne fait rien, tu as fait ta communion privée, tu pourras quand même communier. La différence, c'est la robe et le voile blancs. Mais ça t'est égal. Tu n'es pas coquette, n'est-ce-pas ? »

La maison mère, rue du Bac, avait reçu une lettre interdisant la communion aux enfants juifs sous peine de représailles. La lettre accusait les religieuses de profiter de l'innocence des enfants qui leur étaient confiés pour leur inculquer de force une religion qui n'était pas la leur.

J'étais catastrophée. Je ne comprenais pas. Bien sûr que je désirais revêtir ma robe et mon voile de communiante. Mais ça devenait un péché. Le péché de coquetterie. Pourtant le catéchisme disait que la communion solennelle était, après le baptême, l'événement le plus important de la vie d'un chrétien.

Cela me tourmentait et tournoyait dans ma tête. « Je voudrais tant faire ma communion », ai-je murmuré désespérée. L'abbé s'est levé : « Elle la fera, sa communion, j'irai la chercher moi-même. » C'est ce qu'il fit le lendemain.

Il vint me chercher en vélo[1].

Le matin, à ma toilette, je n'avais pas osé me laver les dents, craignant d'avaler un peu de poudre dentifrice avant de recevoir l'hostie. L'abbé m'installa à l'arrière de sa bicyclette. À la chapelle, tous les communiants, garçons brassard au bras et filles en robes et voiles blancs, s'avancèrent vers l'autel en chantant : « Oh ! Saint-Autel qu'environnent les Anges, avec bonheur je m'empresse vers toi. » À la fin du prêche, l'abbé s'adressa à la foule agenouillée : « Prions, pour le retour d'un être cher à quelqu'un qui se trouve parmi nous aujourd'hui. » Je savais qu'il parlait de ma mère.

Je devais bientôt partir. Déjà, je ne participais presque plus aux activités des autres orphelines. Elles préparaient la fête de Saint-Vincent-de-Paul, fondateur de l'Ordre, qui avait lieu à la mi-juillet. On m'autorisait à rester à la loge. Je lisais durant des heures un livre que j'avais trouvé, qui racontait une histoire d'amour et de péché. Tout au long des pages que je dévorais

---

1. Deux mois plus tard, le 25 juin 1945, une circulaire, émanant de l'Office national des pupilles de la nation, est envoyée aux préfets et aux organisations s'occupant de victimes de guerre : « Les enfants doivent être soustraits à toute pression morale tendant à porter atteinte à leurs croyances ou à mettre obstacle à la pratique de leur culte. Pour s'assurer de cette situation, un inspecteur qualifié des diverses confessions peut être autorisé à visiter tel ou tel établissement hébergeant des enfants. »

avec délice, une femme, nommée Nadine, implorait Dieu de lui pardonner sa faute.

Mon père vint me chercher. Avant mon départ, je lui fis promettre qu'il me laisserait faire ma confirmation l'année suivante. Je quittai l'orphelinat avec regret.

Il m'emmena à l'hôtel, rue de Chine, dans la petite chambre du premier étage. Pendant qu'il était au travail, je restais assise sur le rebord de la fenêtre, lisant la Comtesse de Ségur ou regardant les gens dans la rue.
Le soir, je dormais avec mon père. Je l'entendais, la lumière éteinte, sucer du chocolat américain. Un chocolat carré et épais qui faisait partie des colis que la famille d'Amérique (le frère de maman) lui envoyait. Ils contenaient également des boîtes de graisse et de corned-beef, du chewing-gum et du savon.

Nous déjeunions tous deux dans la salle de restaurant de l'hôtel. Des ouvriers en bleus étaient attablés, riant et parlant bruyamment. Nous allions nous promener dans les rues. Mon père m'achetait des livres, m'emmenait au cinéma. Quelquefois, nous retournions attendre les déportés, à l'hôtel Lutétia.

La maison d'enfants du Mans
(juillet 1945 – fin de l'été 1947)

Fin juillet 1945, mes frères quittèrent le foyer de Versailles et mon père nous accompagna tous les quatre au Mans, dans une maison d'enfants de déportés juifs[1]. C'était un château[2] aux portes intérieures recouvertes de glaces et dorures, aux fines colonnes soutenant les plafonds sculptés. Tout autour, un parc immense avec une piscine sans eau, une chapelle désaffectée et un joli kiosque couvert de verdure et de fleurs. Les dortoirs étaient meublés de lits de camp américains aux toiles raides, de couvertures kaki et d'armoires en bois blanc. De

---

1. L'Œuvre de secours aux enfants (OSE) ouvre 25 maisons d'enfants en 1945, pour accueillir 1 500 enfants.
2. Le château de Méhoncourt, sur les hauteurs de Gazonfier au Mans (Sarthe).

l'autre côté de la route, en contrebas, passait deux fois par jour le train Paris-Le Mans : nous pensions alors au retour à Paris.

Il y avait beaucoup d'enfants. Âgés de cinq à dix-huit ans, ils venaient de tous les coins de France, ayant vécu cachés dans des orphelinats ou chez des paysans[1]. Certains avaient l'accent du terroir. Deux petits frères nous faisaient rire.

Ils répétaient « c'est pas mé, c'est li ». On les surnommait Mé et Li.

Tous avaient perdu un ou deux parents, des frères et sœurs ou la famille entière. Personne ne parlait de la guerre. Le passé n'avait pas existé.

Ni parents ni famille. La vie démarrait au Mans. Il n'y avait aucune discipline, mais des cris, des disputes, de la crasse.

Nous nous racontions les films de Frankenstein et chantions « Bijou, mon Bijou, de toi je suis fou, pour tes yeux de femme je vendrai mon âme » ou encore « Pitié pour Yvan qu'on vient d'enfermer là, dans la Tchéka ». Ces deux chansons tristes évoquaient des situations dramatiques qui nous enchantaient.

---

[1]. En 1944, un aumônier juif de l'armée américaine fait réquisitionner le château pour une trentaine d'enfants juifs cachés dans plusieurs communes de la Sarthe, en particulier par Lucienne Clément de l'Épine, qui a reçu ensuite le titre de Juste parmi les nations. L'OSE, qui prend la suite, y rassemble 72 enfants dispersés dans tout le département par différents réseaux.

Le directeur de la maison d'enfants était grand, maigre, un visage dur, creusé de rides. De la fenêtre de sa chambre, située au premier étage, il se plaisait à nous lancer des poignées de chewing-gums pour nous voir courir à quatre pattes afin d'en ramasser le plus possible[1]. Nous faisions collection des papiers qui les enveloppaient. Il y avait toutes sortes de marques que nous échangions. Certaines, rares, étaient très recherchées.

Je restais souvent seule, dans le parc, grimpée sur un arbre avec un livre.

Je remplissais mes poches de petites poires vertes et fondantes tombées du poirier d'à côté. Je demeurais perchée des heures, lisant et grignotant.

Les moniteurs se succédaient. C'était un défilé continuel. Ils restaient quelque temps et repartaient découragés. Certains, pris en flagrant délit de vol, étaient carrément mis à la porte. Les réserves de l'économat regorgeaient de friandises et dons divers offerts par les Américains qui patronnaient la maison : chocolat, biscuits, chewing-gums, vêtements, tout se trafiquait.

Le vol était organisé à haute échelle, notamment avec la complicité des plus âgés des garçons. La pagaille régnait. Chaque nouvelle arrivée de moniteurs était saluée par des huées. Certains avaient des grands principes.

Ils suspendaient des guirlandes et banderoles où étaient inscrites des phrases exprimant la joie de vivre ou autres règles

---

[1]. M. Trachtenberg, surnommé « crache-en-l'air » par les enfants, fut le premier directeur de la maison d'enfants du Mans.

de morale : « Vive la vie, vive la joie », « La propreté, c'est la santé », « Aimons la vie », etc. Avec des cris d'Indiens, nous arrachions les calicots.

Un jeu qui nous amusait, c'était l'arrivée des plats. Le soir, à table, en hurlant, on éteignait les lumières et on se ruait sur les marmites, y plongeant les louches, les mains, nous bombardant de nourriture. Les murs, les tables, les vêtements, le sol étaient éclaboussés, jonchés de légumes ou de salades dans lesquels on pataugeait. Les moniteurs étaient exaspérés. On nous interdit de bouger de table et même de parler pendant les repas. Par bravade, je continuais de chuchoter avec mes voisines. Plusieurs soirs de suite, je dus quitter le réfectoire, privée du reste du repas. Mes frères, me rejoignant dans le parc après le dîner, m'apportaient leur part. Je me sentais une héroïne.

Plus on était puni, plus on devenait populaire auprès des autres enfants.

Nous n'avions rien pour nous raccrocher. Avec le défilé incessant des moniteurs, aucun ne restait assez longtemps pour pouvoir nous témoigner un quelconque attachement, le moindre signe d'affection.

Pendant les années de guerre, les adultes nous avaient souvent déçus.

Nous les avions vus faibles, désemparés, terrifiés et surtout humiliés.

Nous-mêmes avions vécu pourchassés, dans le mensonge, le secret et la crainte. À l'orphelinat de Neuilly, il y avait le carcan de la religion avec ses règles strictes, mais aussi ses espérances – l'espoir de retrouver la famille.

À la maison d'enfants, il n'y avait plus rien, plus de structures, c'était la débandade.

Ma foi en Dieu, peu à peu, vacillait. Je croyais encore en lui et le soir dans mon lit, je touchais la croix dorée que j'avais gardée avec la chaîne autour de mon cou, mais j'avais perdu confiance. Dieu ne pouvait rien faire. Je l'avais prié pendant trois ans pour que ma mère revienne et que tout recommence à la maison comme avant, mais on nous trimbalait d'orphelinat en pension.

Cela n'en finissait jamais.

J'avais peur de la mort. Elle m'obsédait. Je ne voulais plus d'ami : je l'imaginais aussitôt mort, comme ma mère, et ça me désespérait. L'approche de mon 12e anniversaire m'angoissait. Je ne voulais plus vieillir, ni grandir. Je voulais que le temps s'arrête, sans passé, ni avenir. Dans mon lit, le drap recouvrant ma tête, je pleurais.

Les soldats américains étaient installés au Mans. Parfois ils invitaient quelques enfants. Nous trouvions leur nourriture écœurante. Des aliments sucrés et salés, mélangés dans la même assiette et de la crème à la vanille, liquide et glacée. Certains voulaient nous adopter. Les repas permettaient de faire connaissance afin d'établir un choix. Il y avait des enfants ravissants. Une fillette, nommée Gracia, voulait devenir danseuse. Toute la journée elle s'essayait à faire des pointes, évoluant gracieusement. Les Américains en raffolaient. Son père, un avocat juif grec était mort avec sa mère en déportation.

Des enfants furent ainsi adoptés. Ils partirent dans des familles juives en Amérique, en Argentine et en Australie. D'autres étaient parrainés par des Américains qui leur envoyaient régulièrement des colis[1].

Une autre fillette, Greta, venait du ghetto de Varsovie. C'était une petite blonde de douze ans, l'air fragile et maladif. Du ghetto, elle avait été envoyée avec ses parents et sa cousine dans un camp de concentration. Sa mère avait été gazée. Greta avait été cachée par son père, sous une couverture. Elle avait vu les autres enfants, dont sa cousine, emmenés vers les chambres à gaz et les fours. Greta et son père avaient survécu. À la fin de la guerre, elle avait été recueillie, avec d'autres enfants survivants, dans un foyer juif en Pologne. Le soir, les habitants du village bombardaient les fenêtres de pierres en criant « mort aux Juifs ».

Greta et son père avaient quitté la Pologne antisémite pour la France.

Il y avait aussi un petit garçon surnommé Radis Pointu, qui subissait sans trêve les moqueries féroces des garçons qui prenaient les filles à témoin. « Ouvre ta braguette Marcel, fais voir ta vilaine quéquette. Oh, qu'il est laid. Un vrai radis pointu. Eh, Radis Pointu, tu s'rais pas aryen par hasard, ou un espion

---

1. Les parrainages étaient pratiqués par toutes les œuvres s'occupant d'enfants victimes de la guerre. Ici, il s'agit d'une opération menée dans le cadre de la ville du Mans, car l'armée américaine y était stationnée.

boche ? Qu'est-ce que tu fous ici Radis Pointu ? » Bien que juif, le pauvre Marcel n'était pas circoncis. On le voyait errer tristement à travers le parc, rejeté, honteux, étranger parmi les autres qui se vengeaient sur lui des humiliations passées.

Peu avant la rentrée des classes, Lotte est venue au château. C'était une femme d'une quarantaine d'années, grande, portant des pantalons ou des robes longues, pour dissimuler des jambes enflées et variqueuses. Elle avait les cheveux châtains, coupés court, le teint mat, un sourire chaleureux et des yeux étranges, dorés, qui illuminaient son visage. D'origine autrichienne, c'était une femme cultivée, connaissant parfaitement sept langues, ayant beaucoup voyagé en URSS, en Suède[1]. Elle avait une fille un peu plus âgée que nous, qui faisait des études à Paris. Ses parents s'étaient suicidés au début de la guerre[2]. Elle admirait la pédagogie de Makarenko, un éducateur soviétique, et les théories de l'école suisse.

---

1. Lotte Schwarz, née en 1902 à Prague, a grandi dans un milieu non conformiste, celui des antifascistes allemands du quartier de Schwabing, le « Montmartre de Munich ». Prague, Munich, Vienne, Berlin : elle acquiert une formation de pédagogue en psychologie adlérienne et un doctorat en sciences économiques. Elle est professeur de gymnastique et parle parfaitement le français. Elle part à Moscou en 1926 pour suivre sa mère et son beau-père, alors diplomate de la jeune République de Weimar. Elle y travaille dix ans comme journaliste. Elle fréquente les proches de Lénine, et suit de près l'expérience de Makarenko sur les Besprisorni (les vagabonds). Elle part d'URSS en 1936, la veille du jour où elle devait être arrêtée pour « menées antibolcheviques ». Arrivée en France, elle travaille à l'OSE comme directrice d'une des premières maisons d'enfants installée dans la Creuse.

2. Sa fille, Aniouta, est devenue ensuite la première femme chirurgien en France. Sa mère et son beau-père, Otto Polh, militants antifascistes, se sont suicidés à Dieulefit (Drôme), en 1939, à la signature du pacte germano-soviétique.

Elle essayait de gagner la confiance des enfants en les prenant isolément, notamment ceux qui exerçaient une influence sur les autres. Nous observions ses tentatives d'un air narquois. Le soir de son arrivée, elle voulut nous faire servir un repas amélioré dont elle surveilla elle-même soigneusement les préparatifs. La bousculade, les cris sauvages, les mains plongeant dans les plats l'avaient laissée désemparée. Dans la cuisine où parvenait le brouhaha du réfectoire, découragée, elle avait longuement pleuré.

Henri l'avait surnommée « la Doctrine ». Chaque fois qu'il observait chez un enfant un début d'acceptation de la discipline collective, il l'interpellait sarcastique. « Alors, pauvre type, on se laisse embobiner par la Doctrine. T'as rien dans le ventre ma parole ! » L'autre alors rougissait, confus.

Henri avait institué un système de notation qu'il affichait sur le mur, au-dessus des tables du réfectoire. Lotte était notée de 1 à 10 et ses efforts tournés en dérision. Il nous entraînait dans son sillage, entouré également d'une petite bande qui approuvait bruyamment ses moindres faits et gestes, tout en se moquant des « endoctrinés » que Lotte finissait par gagner peu à peu.

Elle avait remarqué mon goût pour la lecture. Quand elle me surprenait plongée dans un livre, elle tentait d'amorcer un dialogue, m'interrogeant, citant quelques passages. Je ne desserrais pas les dents. Elle insista.

Je décidais d'imiter le cri de Tarzan.

Dès qu'elle ouvrait la bouche, je poussais un long cri que je scandais en tapotant mes lèvres avec la main. J'obtenais un succès certain auprès de mes camarades. Après plusieurs stridents Ohhhhhhhh ! Lotte, excédée, stoppa mon élan par une paire de claques. Pétrifiée un instant, je lui lançai un regard de haine et me mis à fuir droit devant moi.

Je courais, respirant avec peine, traversai le parc et me retrouvai sur la route qui menait au Mans, distant de trois kilomètres. Frémissante, je longeai le cimetière où on disait que la nuit, on pouvait voir d'étranges vapeurs luisantes, les amas des morts sortis de leur tombe. Toujours courant, j'arrivai dans la ville où j'errai à travers les rues tranquilles et grises. J'allai me réfugier dans un vieux cinéma. Je regardais les photos des vedettes, la caissière, les yeux dévorés d'envie. Le directeur de la salle, attendri par mon air implorant, me fit entrer dans la salle. Des militaires s'agitaient sur l'écran.

Je ne comprenais rien mais j'étais contente de me trouver dans l'obscurité magique de la salle de cinéma. À la sortie, je fus récupérée par la police et ramenée au château où mes camarades me portèrent en triomphe.

Je fis ainsi quelques fugues que j'alternais avec des grèves de la faim.

Assise avec les autres au réfectoire, je résistais avec délectation au chocolat et friandises qu'on déposait dans mon assiette. J'étais dans un état constant de rancune et de fureur.

Jean et Michel furent renvoyés chez mon père en même temps que d'autres enfants perturbateurs. Lotte avait perdu patience devant le Jean vociférant qui, cependant un an auparavant, rêvait de devenir prêtre. Ce fut un gros souci pour mon père qui, absorbé par son travail, ne savait comment s'organiser. Il plaça Michel dans un autre foyer d'enfants, dirigé par Jouy[1], un éducateur renommé, où on sut l'apprivoiser. Il garda Jean près de lui, à Paris, lui apprenant les premiers rudiments du métier de tailleur.

Ainsi, rapidement, Jean put aider mon père à subvenir à ses besoins. Henri était resté au Mans. C'était la rentrée scolaire. Brillant élève, il fut inscrit au lycée tandis que j'allais à l'école communale. C'était une charmante école, dans la banlieue du Mans, comportant deux salles. Dans chacune, plusieurs classes étaient réunies. L'institutrice, en même temps directrice, était une femme douce et gentille dont l'extrême sensibilité nous déconcertait.

Elle nous interrogeait sur nos souvenirs de la période de guerre et on voyait aussitôt ses yeux s'embuer : elle paraissait, en nous écoutant, souffrir beaucoup plus que nous n'avions souffert.

Ça me donnait envie de rire. Je ne me sentais pas concernée. Il me semblait que ce passé avait été vécu par quelqu'un d'autre. Quelquefois, elle invitait un petit groupe dans le logement qu'elle occupait à l'école et nous offrait des tranches d'un gâteau succulent qu'elle avait cuisiné à notre intention.

---

1. Ernest Jablonski, de son nom de guerre Jouhy, est un pédagogue chevronné. Né à Berlin en 1913, il a une formation très éclectique. Après la guerre, responsable du secteur pédagogique de l'OSE, il dirige, avec sa femme Lida, la maison de la Forge à Fontenay-aux-Roses. Voir Katy Hazan, *Les Orphelins de la Shoah*, p. 113.

Le rythme de l'école facilita à Lotte la mise en place de structures qui commencèrent à donner au château un aspect plus cohérent. Au réfectoire, Lotte, au début du repas, nous faisait tous pousser un hurlement. Elle donnait le départ comme un chef d'orchestre et un long cri faisait vibrer la salle.

Selon l'état d'excitation, elle nous faisait recommencer deux ou trois fois. « Criez un bon coup, disait-elle, essayant de couvrir nos voix, mais après on mange tranquillement, d'accord ? » Elle réussit ainsi à ce que les repas soient pris dans le calme. Elle s'était aperçue que les plus jeunes appréciaient Henri, se collant à lui, cherchant à se faire cajoler. Elle lui confia le groupe des petits. Henri les accueillait avec complaisance. Il surveillait leur table, découpant leur viande, s'occupant d'eux pendant les repas. Les petits l'adoraient.

Lotte fit réaménager les dortoirs, nous encourageant à les décorer pour leur donner plus d'intimité. Les lits furent recouverts de cretonnes fleuries ainsi que les tables de nuit, faites avec des cageots, dans lesquelles nous cachions nos trésors. Les longues tables du réfectoire furent remplacées par des petites. Le nombre d'enfants avait fortement diminué, répartis dans d'autres foyers, adoptés ou remis à leur famille, quand ils en avaient. Toute l'équipe des moniteurs avait été renouvelée. Il y avait Heïdi, la Suissesse qui nous chantait des tyroliennes, Denis, fanatique de jazz qui battait sans cesse la mesure en comptant un, deux, un – deux – trois et Rémi qui avait été déporté avec son frère à Auschwitz, où il avait eu les pieds gelés. Rémi avait une faim insatiable. À son arrivée, nous le trouvions brutal. Peu à peu il changea, devenant réservé et chaleureux, nous apprenant à jouer du pipeau et de l'harmonica[1]. C'était une équipe stable et rassurante.

Il y avait des moments de tendresse et de douceur. Nous les devions à la maladie. Alangui au fond du lit tiède, on se sentait différent des autres, dans une atmosphère ouatée, bienveillante. On cessait d'être anonyme au milieu de la collectivité. Être autrement, avoir quelque chose qui nous singularise, la fièvre, un gros pansement, un bras dans le plâtre, c'était le désir de chacun d'entre nous.

Certains eurent des maux de ventre. On les envoya à l'hôpital. C'était la « pindicite », comme on disait. On allait les endormir avec du chloroforme, leur ouvrir le ventre, le marquer d'une large cicatrice. Je les enviais, brûlant du désir de me faire opérer moi aussi. À la première colique, je me plaignis suffisamment pour que l'on s'inquiète, et je me retrouvai enfin couchée dans le dortoir d'enfants de l'hôpital du Mans. Il y avait une trentaine de fillettes de tout âge, certaines hospitalisées depuis plusieurs mois. J'étais heureuse.

---

[1]. Remi Stermann, lui-même rescapé d'Auschwitz, est engagé par Lotte Schwarz pour s'occuper des garçons. Il arrive à les apprivoiser grâce à sa disponibilité, et en leur faisant faire du sport. Sa stratégie est la fermeté, mais toujours en passant par la négociation. Il sait se mettre à leur portée, tour à tour entraîneur de basket, animateur, maniant le pipeau aussi bien que les ombres chinoises, puisqu'il crée un théâtre de figurines sur le thème du « cheval qui pète ». Il a l'idée de scier les grandes tables du réfectoire pour leur donner une taille plus humaine et diminuer également les décibels. Voir Katy Hazan, *Les Orphelins de la Shoah*, p. 307.

J'étais avec des catholiques. Je sentais renaître ma foi. Chaque soir, j'obligeais mes camarades de chambrée à prier tout haut avec moi. Je portais toujours ma chaîne au cou où était accrochée la petite croix dorée, offerte par les sœurs à l'occasion de ma communion solennelle.

J'alternais les prières avec les danses russes, bravant la douleur, pour épater les malades. Je dansais avec tant d'entrain que la plaie de mon ventre s'élargit, tardant à se refermer. L'interne nous amusait. Il arrivait dans la salle commune tourbillonnant et fredonnant la chanson de Charles Trenet : « Voulez-vous danser, Marquise, voulez-vous danser le menuet du Roi ». Les fillettes reprenaient en chœur « ah ! ah ! ah ! ah ! c'est la polka du Roi ! »

Mon père, prévenu de mon hospitalisation, vint me voir. Il me raconta les avatars de la vie en commun avec Jean, leur inexpérience, leurs tentatives culinaires infructueuses. Gémissant de douleur, je me tordais de rire. Je criais, hoquetant « arrête, aie, aie, j'ai mal, arrête, ne dis plus rien ! ». Mon père, les yeux embués, souriait de ma gaieté. Lotte vint à son tour m'apporter un *Petit Larousse* avec une dédicace : « À Annette, pour l'aider dans ses lectures. »

« J'ai absolument besoin de ton avis », me dit-elle, comme si c'était indispensable pour elle. C'était la première fois que je l'écoutais. Elle n'avait pas encore réussi à « m'endoctriner ». Elle ajouta : « Je voudrais faire une grande fête avec un spectacle d'ombres chinoises. La Reine Esther et le Pharaon d'Égypte. C'est toi qui serais Esther, si tu es d'accord, bien sûr. Qu'en penses-tu ? Ça te plaît ? »

Si ça me plaisait ! Les yeux fermés, j'imaginais la Reine Esther devant le Pharaon, dans la danse du voile. « Je te prêterai mon châle de dentelle, dit Lotte. Tu seras une reine superbe. » C'était un très vieux châle en lainage fin et doux, qu'elle gardait au fond d'une malle avec d'autres vêtements ayant appartenu à sa grand-mère. Il était si fin que, malgré sa taille, il aurait pu passer à travers une bague.

Mais ce que Lotte m'avait caché, c'est que je devais danser torse nu, le châle de dentelle couvrant d'un voile transparent ma poitrine bourgeonnante.

Dans les coulisses, derrière l'écran blanc éclairé d'un projecteur, j'apercevais les grands garçons. Je suppliais : « Lotte, je ne peux pas. » On entendait un air lancinant d'harmonica. « Allons, va », cria Lotte en me poussant et je me mis à danser lentement, le châle de dentelle volant autour de moi. Ce fut une fête magnifique et le début de mon adoration pour Lotte.

Pendant le spectacle d'ombres chinoises, profitant des lumières éteintes, quelques grands garçons dévalisèrent l'économat. Les bonbons, les chewing-gums gisaient dans la petite pièce, recouverts d'une poudre chocolatée qui s'échappait des sacs de cacao éventrés.

J'ai compris qu'Henri avait participé au vol lorsque, toujours conscient de son rôle de parrain, il m'offrit des friandises saupoudrées de chocolat, les mêmes que celles qu'on nous servait au réfectoire.

Le vendredi soir, nous fêtions Shabbat, ainsi que les fêtes religieuses juives. Souvent, la direction de Paris venait y participer. Lotte en profitait pour leur demander de nouveaux équipements, tourne-disques et autres. C'était agréable. On allumait les bougies et nous écoutions les prières en hébreu. Chacun recevait une part de gâteau moelleux. Le cuisinier, M. Lévy, l'air renfrogné, était très pieux. Il présidait les cérémonies religieuses du vendredi soir. Il ne pouvait supporter la vision de ma croix dorée. Il la désignait d'un doigt tremblant : « Comment oses-tu porter cette quincaillerie goy dans une maison juive ? » disait-il en bégayant de fureur. Il exigea que je la retire mais je refusai. Sa haine ne s'éteignit qu'avec sa mort qui survint subitement, alors qu'il ouvrait le robinet de la baignoire où il allait prendre son bain.

C'est à cette époque que je devins amoureuse d'Étienne, un grand de dix-huit ans qui apprenait à l'école professionnelle du Mans le métier de mécanicien. J'allais l'attendre à la sortie et je voyais son visage s'éclairer en m'apercevant. Étienne m'aimait. Il avait une autre passion : le football. Je l'accompagnais à chacun de ses matchs. Il me fit entrer dans l'équipe dont il était capitaine. J'étais la seule fille, mais les autres me supportaient par respect pour Étienne. C'était le garçon le plus âgé du Mans, je le trouvais fort et beau avec son sourire tendre et ses yeux bruns et timides. Au-dessus de son lit, sur le mur du dortoir, il avait inscrit « Prolétaires de tous les pays, unissez-vous ».

Ce mot de « prolétaire » me paraissait superbe. J'admirais Étienne.

Un jour, j'entendis les filles parler d'Étienne : « Celui-là, ce qu'il peut avoir l'air bête avec ses ongles noirs et ses yeux de veau. » Je le vis soudain tel que le voyaient mes camarades, l'air bête, les yeux humides et implorants.

Mon amour s'éteignit en même temps que mon admiration. Au réfectoire je l'apercevais à la table voisine, levant les yeux sur moi, ses yeux humides, ses yeux de veau. Je lui tirais la langue, stimulée par les rires de mes copines.

Étienne partit peu après en Australie. Après son départ, Lotte m'a demandée : « Combien de fois as-tu embrassé Étienne ? » J'étais bouleversée et choquée. Nous ne nous étions jamais embrassés.

Ce n'est pas sans tristesse que je repense à Étienne, le gentil footballeur, son regard triste et timide et ma méchanceté d'enfant.

Au printemps 1946, pour les congés de Pâques, Lotte nous emmena visiter Tours et le château d'Amboise. Nous nous sommes baignés dans la Loire.

Je n'osais sortir de l'eau. Parmi les maillots de bain offerts par les Américains que Lotte nous avait donnés à choisir, j'avais préféré celui en jersey blanc et, dans l'eau, il était devenu transparent, soulignant chaque détail de mon corps. Sur la berge, j'apercevais les garçons ricanant. Je suppliai les filles de m'apporter un short et une chemisette que j'enfilai dans l'eau froide et pus enfin sortir.

Nous logions dans une synagogue en ruines où nos voix résonnaient sous les hauts plafonds sculptés. Nous dormions sur des couvertures étalées sur le sol et nous nous nourrissions de boîtes de lait concentré sucré que nous avalions à pleines cuillerées, ainsi que de sardines à l'huile avec un morceau de pain. Inspiré sans doute par l'atmosphère encore majestueuse des lieux, Henri décida de faire le rabbin et de marier ceux qui le désiraient.

Avec des serviettes de toilette et des couvertures, on confectionna les habits des futurs mariés qui se formèrent en rang, rougissant et se mordant les lèvres. Henri, un mouchoir sur la tête noué aux quatre coins, haranguait son monde dans un mélange d'hébreu et de latin datant de sa période d'enfant de chœur. « Adenoï, Adenoï, Ave Maria, Credo in excelsis Deo, priait-il en roulant des yeux blancs vers le plafond. Vous êtes mariés, Amen. » Il y avait une ambiance gaie et un peu trouble. Dans un coin, à l'écart, silhouette fluette, Radis Pointu regardait la scène.

Peu de temps après, Henri fut renvoyé chez mon père. Il dut abandonner ses études – il les reprit plus tard, par correspondance. Il se mit au travail avec Jean.

Chaque soir, nous passions à la douche, les filles d'abord, les garçons ensuite. Grimpés sur un arbre, les garçons pouvaient nous apercevoir par la haute lucarne et, à la sortie des douches, nous gratifiaient de commentaires sur nos anatomies enduites de savon. Certaines d'entre nous ne voulaient plus se doucher. On couvrit la lucarne d'une toile cirée, mais nos petits cris aigus, les regards faussement innocents des garçons exaspéraient Lotte. Elle nous réunit et nous proposa de nous doucher ensemble, garçons et filles. De cette façon, on pourrait s'examiner à loisir. C'est ce qu'on fit. Les premières fois, nous glissions un œil furtif l'un sur l'autre, mais rapidement, nous ne fîmes plus attention à nos corps dénudés. Par la suite, nous sommes allés à la piscine privée que nous partagions avec les élèves du collège religieux de Sainte-Croix qui y venaient dans la journée et nous prîmes des bains de nuit, nus, dans l'eau sombre et fraîche.

Lotte s'occupait de notre groupe de « grandes ». Elle nous incitait à lire, nous encourageait à développer notre collection de reproductions de peintres qui avait remplacé celle des papiers chewing-gum. Dès que nous touchions notre argent de poche, 10 francs chaque semaine, nous filions en ville à la librairie-papeterie pour rajouter un nouveau peintre à notre collection.

Lotte nous faisait faire beaucoup d'activités sportives et nous donnait des leçons de danse d'improvisation. Nous choisissions un disque et nous improvisions, au son de la musique de Schubert, Mozart ou Moussorgski. Jeannette excellait à cet exercice. Son corps léger et menu épousait chaque nuance de la partition. Moi, je me sentais lourde et raide. Je réussissais davantage les sauts et surtout les grimaces et contorsions qu'exigeait la danse des sorcières d'*Une nuit sur le mont Chauve*, de Moussorgski. Là, les yeux exorbités, je donnais le plein de mon inspiration.

Un soir, nous avions invité les grands garçons à un spectacle d'improvisation. Nous leur servîmes une danse de sorcières qui les laissa abasourdis.

Nous étions satisfaites de l'effet produit.

Nous étions cinq grandes. Chaque soir, Lotte réunissait les grands dans sa chambre et nous lisait des poèmes ou quelques pages d'un roman, la vie de Marie Curie, *Le Grand Meaulnes*, les poèmes d'Éluard ou d'Aragon. Elle nous lisait *Le Roi des Aulnes* en allemand. Nous ne comprenions pas mais en récitant ce poème, sa voix, très mélodieuse, avait des intonations si tristes et si belles que nous ne nous lassions jamais de l'entendre. Les Allemands n'étaient pas seulement des nazis et des boches, c'étaient aussi des poètes et des musiciens, Schubert, Goethe. Les accents gutturaux et effrayants des soldats allemands pouvaient devenir ces intonations douces et poignantes. Après la lecture, Lotte nous faisait écouter des disques et nous allions nous coucher au son de la musique de Bach, Mozart ou Beethoven, dont on entendait les derniers échos à travers le mur qui séparait sa chambre de la nôtre.

La chambre de Lotte était toujours ouverte. C'était là qu'il y avait le pick-up et les disques, le gros poste où nous écoutions les negro-spirituals, les chœurs de l'Armée Rouge et la manécanterie des petits chanteurs à la Croix de bois.

Il y avait aussi la malle aux déguisements, l'armoire contenant peintures, pâtes à modeler et papiers gommés de couleurs à découper. Sur les murs, des reproductions de grands peintres et à profusion, des fleurs et plantes vertes.

J'aimais particulièrement la reproduction d'une gravure sur bois représentant un couple enlacé au bord d'une rivière dans laquelle un enfant se noie. J'imaginais les amoureux heureux découvrant l'enfant mort noyé et, en même temps, le sens terrible de leur responsabilité.

Quand nous avions un chagrin quelconque ou simplement pour nous aider à apprendre une leçon difficile de grammaire ou de géographie, Lotte nous prenait dans son lit et là, serrées chaudement contre elle, nous reprenions courage.

Je lisais beaucoup. Le soir, après que les lumières avaient été éteintes, j'allais dans le cabinet de toilette attenant à notre chambre et, assise par terre, je lisais des heures durant, jusqu'à ce que mes yeux ne voient plus clair, traînant le lendemain des paupières bouffies par le manque de sommeil.

Lotte m'incitait à lire des livres d'aventures ou des biographies. « Les filles recherchent leur image à travers les romans, me disait-elle un peu méprisante. Elles ne se préoccupent que de leur petite personne. Les garçons, au contraire, préfèrent les livres d'aventures parce qu'ils s'intéressent au monde extérieur. C'est pourquoi ils ont l'esprit créateur. »

J'étais vexée, mais j'avais beau me forcer, je préférais les romans, *Terre chinoise* ou *Gosta Berling*, qui parlaient d'amour et me plongeaient dans un monde différent.

Lotte avait une conception personnelle et intransigeante de la culture et du vocabulaire. Bien qu'elle parlât un français très pur, certaines expressions lui échappaient. Ainsi, elle avait réagi sèchement quand elle m'avait entendu dire : « Odette – c'était une femme à l'allure chagrine et voûtée qui faisait le ménage au château – Odette est tombée enceinte. » « Que signifie "tombée" ? » s'écria Lotte. « Elle est "tombée" par terre et s'est retrouvée enceinte ! » Lotte détestait également les histoires salaces, les blagues qu'elle considérait vulgaires ; de même, elle affectait une ignorance méprisante à l'égard des célébrités qu'on entendait sur le poste de radio, chanteurs de charme notamment. Si nous prononcions leur nom, elle soulevait un sourcil interrogateur et détournait la conversation sur les interprètes de musique classique, harpe, clavecin, violon ou opéra. C'était difficile parfois de plaire à Lotte.

La musique emplissait ma vie. Lotte nous avait emmenés à un récital de piano. C'était la première fois que j'allais au concert. Beethoven était à l'affiche.

Le pianiste, vêtu de sombre, s'assit devant le piano à queue. Les lumières s'éteignirent. Un projecteur éclairait les mains qui effleuraient les touches noires et blanches. Les sons s'envolèrent, me procurant une émotion si extraordinaire que je me mis à trembler de tout mon corps, le souffle oppressé, des larmes inondant mon visage. On dut me sortir de la salle de concert.

Une autre fois, nous allâmes à une conférence donnée par Paul-Émile Victor sur les Esquimaux. Il était beau, comme

Pierre Blanchard que nous venions de voir au cinéma dans *Le Bossu*. Paul-Émile Victor, constatant au premier rang des fauteuils vides qui attendaient les notables en retard, avait invité fermement les spectateurs de la salle à venir les occuper, prétextant qu'il avait « horreur des sourires édentés » (c'était l'effet que lui faisaient les places vides, avait-il expliqué). Son attitude nous enchanta.

J'admirais aussi Georges Duhamel qui vint donner une conférence au théâtre municipal. Je le connaissais par les dictées que nous faisait faire la maîtresse pour nous préparer au certificat d'études, qui avait lieu en deux années. Georges Duhamel était un homme d'aspect imposant. Après sa visite, durant quelque temps, il devint mon écrivain préféré, avec Pearl Buck et Selma Lagerlöf.

Il y eut une grande fête au stade du Mans organisée par le Parti communiste. Les enfants des écoles, en tunique blanche, firent des démonstrations de gymnastique rythmique. Les gens disaient avec respect « il y aura un discours de Léon Mauvais[1] ». La foule se bousculait.

J'aimais l'ambiance de fête, les manèges, les feux d'artifice. Je ressentais une allégresse qu'il me semblait que tout le monde partageait autour de moi.

---

1. Léon Mauvais (1902-1980) était un des principaux responsables du Parti communiste français et de la CGT.

La religion me tourmentait. J'interrogeais Lotte. J'avais d'âpres discussions avec mes camarades et les moniteurs. Je ne comprenais pas pourquoi et de quoi punir les hommes. Pourquoi tant de malheurs et de désespoir ? Comment un être tout-puissant peut-il laisser faire ces choses-là ? Je pensais à ma mère. Je la voyais dans mes rêves sans cesse. Je repoussais avec horreur des visions de cauchemar, les corps nus dans les chambres à gaz, les fours, les brasiers, la fumée.

Parfois, vis-à-vis de Lotte ou des moniteurs, j'éprouvais un sentiment de malaise, de mensonge énorme et écrasant. Je craignais qu'on ne découvre que je mentais, que je faisais tout le temps semblant, que je jouais la comédie, que je faisais ce qu'on attendait de moi. Je désirais ma mère pour me reposer, ne plus me forcer, être enfin moi-même.

Un après-midi, Lotte me fit appeler. Un homme habillé élégamment, au visage austère, accompagné d'une dame au sourire bienveillant, m'attendaient. C'était un juge de paix du Mans et sa femme, envoyés par sœur Clotilde.
Ils me proposèrent de m'inviter chez eux chaque semaine. Je refusai. « Inutile, répondis-je, je remercie sœur Clotilde de penser à moi, mais je ne crois plus en Dieu ». Je venais de lire *Jean Barois*, de Roger Martin du Gard, dont la lecture m'avait frappée[1]. Après ce livre, ma foi faiblissante s'éteignit tout à fait.

---

1. Dans *Jean Barois* (1913), Roger Martin du Gard décrit le parcours d'un homme en proie aux tourments et aux contradictions liés à une éducation stricte religieuse.

J'étais hantée par l'idée de la mort. En cela la religion était réconfortante.

On allait au paradis ou au purgatoire. L'enfer n'était là que pour les criminels. Mais, à partir du moment où j'ai douté de l'existence de Dieu et que j'ai eu conscience qu'au bout de tout il n'y avait que le néant, ce fut terrible.

Je sentais mon enfance s'enfuir, tout vieillir et mourir autour de moi. J'aurais voulu que tout s'arrête, la vie, les gens, que rien ne change et, sentant que cela ne pouvait être, je pleurais dans l'obscurité de la chambre.

Il y avait un petit garçon de huit ans, Joël. Un visage pâle et étroit, des cheveux blonds raides, des yeux bleus. On l'apercevait de loin sur la route de l'école communale, se tenant à l'écart, s'arrêtant soudain pour cueillir une fleur ou observer un papillon ou autre insecte. C'était un garçon étrange et doux.

Un jeudi où Lotte était partie à Paris et les moniteurs au Mans, Joël s'est mis debout sur le rebord de la fenêtre de sa chambre au premier étage. Peut-être a-t-il voulu attraper un oiseau. Il s'est élancé, tombant lourdement sur le sol couvert de pierres qu'il éclaboussa de son sang. On disait : « Joël est mort, Joël est mort ! » et je pensais : il est retourné dans son rêve. C'était un enfant différent. Il ne paraissait pas vivant.

Ce fut un drame au château. On avait laissé les enfants sans surveillance.

Les visites de la direction de Paris se multipliaient. Les yeux étaient rouges, les mines sévères. Un nouveau directeur est arrivé au Mans. Lotte, qui après le départ de l'ancien directeur avait assuré l'intérim, fut reléguée au rôle d'éducatrice en chef, comme à son arrivée, alors qu'elle espérait prendre la direction. Il lui était pénible d'être supervisée par des responsables administratifs qui, pour la plupart, n'étaient pas d'accord avec ses méthodes éducatives[1].

Lotte avait institué dans la maison des activités multiples, atelier de tôlerie, menuiserie, jardinage, cuisine, couture où tout était rigoureusement mixte. Quelquefois, il y avait des « journées de responsabilités ». Tous les moniteurs s'absentaient, les enfants étant chargés de faire marcher la maison.

De la cuisine au ménage, nous devenions maîtres à bord.

Il y avait aussi l'atelier de théâtre[2] qui préparait les futurs spectacles, costumes, décors et répétitions, ainsi que les équipes de basket et de volley qui faisaient régulièrement des matchs avec les garçons du collège Sainte-Croix.

Dans notre chambre le soir, nous parlions d'amour et de mariage.

Nous rêvions de robes longues et de voiles blancs. Nous évoquions l'image d'un poète, grand et blond aux yeux bleus profonds. C'était ce genre d'homme qui recueillait tous les suffrages. Fiévreusement, nous interrogions Lotte : « Qu'est-ce que l'amour ? Comment le reconnaître ? » « Vous ne vous poserez pas la question quand cela vous arrivera, avait-elle dit,

---

1. La maison du Mans et les méthodes de sa directrice sont pourtant plébiscitées dans le journal intermaisons de l'OSE écrit par les enfants entre 1946 et 1947, *Lendemains, Par les jeunes, pour les jeunes*, t1 et t2, éd. OSE, 2000. C'est dans ce journal que sera publiée une rédaction écrite par Annette.

2. Sous la direction de Gerold Meyer, un théâtre d'ombres, « le théâtre de l'Amitié », est imaginé pour et par les enfants.

ce sera un bouleversement, un torrent impétueux qui vous emportera irrésistiblement. Mais vous avez encore le temps. Ça viendra plus tard, quand vous aurez l'âge et vous ne pourrez pas vous y tromper. »

Nous écoutions, impressionnées, imaginant la foudre, le tonnerre, la révélation d'un monde nouveau et merveilleux.

Au printemps, Lotte emmena l'équipe des grands, une dizaine de garçons et de filles, visiter Paris. Le voyage dura huit jours. Nous avons traversé Paris ensoleillé, debout sur la plate-forme des autobus blanc-vert, pour aller au zoo de Vincennes, au Musée océanographique, au Louvre, au Palais de la Découverte. Nous avons visité la Sainte-Chapelle et la cathédrale Notre-Dame. Lotte nous faisait admirer les vitraux.

Elle nous emmena au restaurant chinois où nous nous essayâmes à manger avec des baguettes. La sauce et le riz giclaient sur la nappe de papier. Nous sommes allés au cinéma voir *Elephant Boy* avec Sabu et les *Verts Pâturages*, où des noirs racontent la Bible en chantant des negro-spirituals. Le soir, nous couchions sur des matelas posés par terre dans un foyer de jeunes juifs[1]. Nous les apercevions parfois. Des garçons de quinze ans et plus, au visage dur et inquiétant. On disait qu'ils venaient d'Auschwitz, qu'ils avaient connu l'enfer, qu'il fallait qu'ils se réhabituent à vivre. Rémy vint plus tard s'occuper d'eux.

---

1. Il s'agit du foyer de la rue Rollin (Paris V[e]), ouvert en juin 1945 par l'OSE pour accueillir une partie des enfants juifs revenus du camp de Buchenwald.

Il avait épousé Grete, une Allemande non juive, blonde et gaie, qui chantait des romances sentimentales en s'accompagnant à l'accordéon. Bien que Rémy fût lui-même un ancien déporté, les jeunes du foyer n'acceptèrent pas son mariage avec une Allemande. À leurs yeux, Grete était la représentante des tortionnaires. Ils le lui firent payer, à tel point que ses nerfs, déjà fragiles, se délabrèrent et qu'elle se suicida quelque temps plus tard.

Nous sommes rentrés au Mans gorgés d'impressions nouvelles.

Pour plaire à Lotte, j'avais décidé d'être courageuse. Aussi, quand, après une promenade en forêt, je revins avec une ampoule au talon, je ne dis rien, refusant de me faire soigner à l'infirmerie. La plaie s'infecta. Je boitais, stoïque. Ma jambe devint douloureuse, un énorme abcès gonfla dans l'aine. La nuit, brûlant de fièvre, je mordais les draps pour étouffer mes gémissements. Je dus retourner à l'hôpital. Il avait déménagé dans des locaux plus modernes. On m'installa seule, dans une chambre blanche. L'infirmière salua gaiement « Revoilà notre Annette ! » Le chirurgien était le même interne exubérant qui chantait « Voulez-vous danser Marquise » en virevoltant dans le dortoir. Parfois, il s'asseyait près de mon lit, discutant de livres et de musique. J'avais apporté mon pipeau avec lequel je jouais des mélodies dont le son grêle emplissait la chambre. Ce furent quelques jours tendres et agréables.

L'année scolaire s'achevait. Des psychologues de Paris vinrent au château nous faire passer des tests. Lotte avait éveillé en nous le besoin artistique. Certains, d'après elle, étaient « doués » pour la peinture, la littérature, la musique ou la danse. Nous avions tous la tête dans les nuages, entrevoyant un avenir exaltant où tous nos dons pourraient s'épanouir. Aussi, grande fut la déception quand, après le départ des psychologues, les enfants furent répartis à l'école professionnelle pour apprendre la mécanique, le bâtiment, la dactylographie, la chapellerie ou la couture. Les métiers de tailleur, fourreur ou maroquinier étaient rejetés. Lotte pensait que ces professions, réservées habituellement aux Juifs, contribuaient à les maintenir dans une sorte de ghetto. Il fallait être assimilé, se fondre dans la masse des Français.

Beaucoup d'enfants éprouvaient du ressentiment. Ils auraient voulu continuer leurs études, mais quelques-uns seulement furent inscrits au lycée. Je fus la seule fille. Après un examen, j'entrai directement en 5e. Le premier cours était une leçon de solfège. Je ne connaissais pas les notes. Lotte me les apprit le soir même. C'était magnifique. Elle fit installer un piano droit dans le hall et je ne le quittais plus, passant tous mes loisirs à déchiffrer la musique.

J'y prenais autant de plaisir qu'à lire des romans. Avec deux autres garçons, Lotte nous fit donner des leçons de piano par un professeur du Mans. C'était une femme déjà âgée, à l'expression paisible. Elle nous recevait dans une petite pièce encombrée et douillette, avec des photographies sur ses murs et un vieux piano recouvert d'un napperon de dentelle sur lequel étaient posés des objets divers. Elle voulait que j'apprenne des menuets et rondos élégants alors que je préférais les sonorités fortes et vibrantes.

Cette situation privilégiée créait une légitime jalousie parmi les enfants frustrés qui ne comprenaient pas pourquoi certains étaient plus favorisés que d'autres.

C'est à cette époque qu'Albert est arrivé au château avec son petit frère. Albert avait quinze ans, brun, d'aspect chétif, l'air sérieux avec ses lunettes. Il était en 3e au lycée. On disait : « C'est un matheux, une grosse tête ! » On le voyait remplir des cahiers d'une écriture serrée. Il s'intéressait à la politique, commentant avec Lotte des articles du journal *Franc-Tireur*. Il nous en imposait.

Lotte avait transformé l'ancien bureau du directeur en salle d'études-bibliothèque. Elle avait fait disposer des petites tables avec des abat-jour qui donnaient à l'ensemble une ambiance studieuse et intime. Allant tous deux au lycée, Albert et moi partagions la même table.

Albert me donna des leçons de mathématiques. Il réussit si bien qu'il alluma en moi une lueur d'intérêt pour une matière jusque-là rébarbative. Pendant les cours, le professeur au chignon brun répétait : « Annette, je finirai par te mettre au cou un collier à clochettes comme les vaches dans les prés, au moins, chaque fois que tu remueras la tête, ça te réveillera. »

Je préférais lire *Les Fleurs du mal* de Baudelaire, posé sur mes genoux, derrière mon pupitre.

J'aimais l'atmosphère du lycée. La plupart des fillettes appartenaient à des familles de paysans cossus ou à des notables et riches commerçants du Mans et de la région. Quand on m'interrogeait sur la profession de mon père, je répondais : contremaître, sans spécifier que c'était dans la confection, métier de Juif. Contremaître, c'était une fonction honorable, ça faisait chic. Avec les élèves, nous parlions de cinéma, de chansons, d'Édith Piaf. C'était la vedette célèbre. Nous nous exercions à imiter sa voix grave et puissante.

À la fin de l'année, je retournai dans la chambre avec les autres. Pour fêter le nouvel an 1947, on organisa un bal masqué. On se préparait dans la fièvre. Je me disais : « Albert sera là et, à minuit, il m'embrassera. » Je voulais me déguiser en elfe avec un maillot noir moulant et une plume sur la tête. « Comme un elfe ! me dit Jeannette, tu t'es pas vue, t'auras l'air d'un boudin. » Je me regardais dans la glace désemparée. Je me trouvais laide, lourde, raide, la taille épaisse. J'aurais tant voulu être belle ! « Déguise-toi en Chinoise, me dit Lotte, avec tes cheveux bruns bien tirés et tes yeux noirs en amande, tu seras parfaite. » « Je ne veux pas être une Chinoise, répondis-je, les Chinois sont jaunes et moches. Jamais je ne voudrais leur ressembler ! » L'expression de Lotte devint sévère : « Ne parle pas comme une sotte, me dit-elle, les Chinois sont comme toi et moi, comme les Juifs et comme les noirs. Toutes les couleurs de peau sont belles. Tous les hommes sont dignes de respect. N'oublie jamais cela. »

Finalement, déguisée en Chinoise, j'essayai de m'approcher d'Albert. Vêtu de noir, il portait des cornes de diable. Il m'évitait, le visage froid.

Au douzième coup de minuit, on éteignit les lumières et tout le monde s'embrassa. J'étais à côté d'Albert, oppressée, le cœur battant. « Bonne année, Albert, dis-je doucement. « Bonne année », répondit-il. On s'embrassa, un baiser rapide et décevant. Qu'avais-je espéré toute la journée ? Qu'il me serre dans ses bras fougueusement, se jette à mes pieds en murmurant : « J'ai tant attendu ce moment. » Mais il ne me dit qu'une « bonne année » furtif et sec, comme aux autres filles présentes. Je remontai tristement dans la chambre, me déshabillai et m'allongeai sur mon lit, ne pouvant retenir mes larmes. Lotte vint me rejoindre et s'assit près de moi. « Allons, Annette, calme-toi. » Elle me caressait les cheveux et les épaules. « Ta peau est douce, me dit-elle, aussi douce que la soie et le velours. L'homme qui t'aimera aura une grande chance de caresser une peau douce comme la tienne. » Ses paroles me consolèrent. Je me sentais soudain belle et précieuse, digne de l'amour qui m'attendait.

Au fil des jours, Albert changeait. Il cherchait à me retrouver seule. Ça ne plaisait pas aux moniteurs ni à nos camarades de chambre qui nous reprochaient de les fuir, de ne plus partager leurs jeux. Albert et moi nous nous évadions du château pour faire des promenades en forêt ou nous nous enfermions au grenier pour lire ensemble des romans et des poèmes.

Nos absences se multipliaient. Nous dérangions la collectivité. Nous nous désintéressions de tout ce qui n'était pas nous, les activités, la vie du château, rien ne nous touchait. Nous étions ailleurs, dans un autre monde... On décida de nous séparer pendant les congés d'été. Nous acceptâmes la séparation parce que Lotte nous avait promis qu'à notre retour, elle nous permettrait de partir en stop, tous les deux, en Bretagne.

Au lac Chambon, je tombai malade, douleurs dans le ventre, vomissements.

Je n'avais envie de rien, sauf d'être avec Albert. On dut me rapatrier au Mans...

Lotte résolut de nous laisser partir en stop, Albert et moi, « tenter notre expérience », comme elle disait, qu'elle espérait « positive ». Elle nous fit des recommandations, répéta qu'elle avait confiance en nous et nous voilà sur la route de Laval, tous les deux, en short et sac au dos.

Les voitures s'arrêtent complaisamment. On nous pose des questions.

On répond qu'on est frère et sœur, qu'on va en vacances dans notre famille en Bretagne. Notre objectif était Saint-Quay-Portrieux[1] où il y avait une maison d'enfants tout près de la plage. Nous y passerions quelques jours, prendrions des bains de mer et reviendrions au château, en stop.

---

1. À Saint-Quay-Portrieux (Côtes-d'Armor, anciennement Côtes-du-Nord), l'hôtel Beau Rivage servait de maison d'enfants de l'OSE à l'année, et de colonie de vacances l'été. Les enfants qui y ont été hébergés en ont gardé un excellent souvenir.

Tantôt en voiture tantôt à pied, nous traversâmes Fougères, Rennes. Je me sentais souple et robuste, le teint hâlé comme une gitane. C'est ainsi qu'on me surnommait. Le premier soir, nous nous sommes arrêtés dans une ferme.

Le fermier et sa femme nous ont invités à partager leur repas. Lait, épaisses tartines beurrées et fromage. C'était délicieux. Puis nous nous sommes couchés dans la grange, sur la paille. Allongés l'un près de l'autre, nous nous sommes pris par la main, nous avons parlé de notre journée et nous nous sommes endormis.

Le lendemain, nous reprenons la route, pris aussitôt par des camionneurs joyeux qui insistent pour que nous déjeunions avec eux dans leur restaurant de routiers. Nous arrivons à Saint-Quay, contents de notre voyage et nous nous présentons à la directrice de la maison d'enfants. Albert explique que nous sommes venus avec l'autorisation de notre directrice et que nous souhaitons rester quelques jours, simplement nous désirons dormir dans la même chambre et non au dortoir avec les autres.

À peine Albert a-t-il fini de parler qu'il reçoit une paire de claques qui le fait presque tomber à genoux. Et les coups nous pleuvent dessus, accompagnés de cris. « Ils osent, ils osent, quelle honte ! » La directrice s'égosillait. Albert répliquait tout pâle : « Nous sommes venus ensemble pour rester ensemble. » Je me sentais salie. J'avais honte, honte pour nous et honte pour cette femme qui nous regardait avec dégoût. À ses yeux, nous étions des êtres vicieux, pervertis et provocateurs. Il me paraissait injuste que les sentiments que nous éprouvions, Albert et moi, soient considérés anormaux pour la seule raison que nous étions trop jeunes.

La directrice pensait que nous nous étions sauvés du château. Après qu'elle eut téléphoné à Lotte, nous avons pu repartir, salués par un visage glacé et désapprobateur. Nous avons décidé de poursuivre notre voyage et d'aller visiter Saint-Malo. Nous avions faim et sommes allés manger dans un restaurant enfumé sur le port. Albert avait l'air triste et gêné. Son attitude me déprimait.

À la sortie, des policiers nous interpellent. Ils nous amènent au poste, nous gardent toute la nuit. Ils se moquent d'Albert, l'abreuvent d'allusions graveleuses « Dis donc, mon grand, comme ça vous êtes partis seuls, et on couchait dans l'herbe je suppose, ça doit être agréable une fille aux belles cuisses. Ça chatouille l'herbe pas vrai petit vicieux ? » Tout cela dit avec des rires gras qui nous blessaient. Ils ont téléphoné à Lotte, croyant, comme la directrice de Saint-Quay, que nous nous étions évadés du château. Quand ils ont eu les renseignements, ils se sont adoucis, nous ont offert du café chaud. Au matin, ils nous ont reconduits à la gare de Saint-Malo et sont restés près de nous jusqu'à l'arrivée du train. L'un d'eux a dit : « Nous on a fait notre devoir, maintenant vous pouvez faire ce que vous voulez, vous êtes libres. » Mais nous étions fatigués. Nous désirions rentrer. Le train roulait vite. Nous restions assis devant la portière ouverte, les pieds pendant dans le vide, fouettés par l'air vif, silencieux.

Lotte nous a accueillis en disant : « Alors, est-ce que ce voyage a été positif ? » Je me suis demandé ce qu'elle voulait dire. Qu'est-ce qui était positif ou négatif ? Où était la vérité ? Je compris par la suite qu'elle était convaincue que les relations entre Albert et moi n'étaient pas platoniques. Et cependant, c'était vrai, comme jadis avec Étienne, nous ne nous étions jamais embrassés, heureux et comblés de nous tenir simplement la main.

Vers la fin de l'été, Lotte annonça son départ[1]. Tout semblait se disloquer au château. On ne voulait plus rester. Un nouveau directeur est arrivé, un homme au teint jaune, au regard sournois, qui s'est mis à nous épier Albert et moi. Impossible de nous retrouver seuls quelque part, il était toujours sur nos pas. On aurait dit qu'il n'était venu au château que pour nous surveiller.

Lotte est partie. J'étais étonnée et déçue qu'elle ait accepté son départ aussi facilement. Il me semblait qu'en définitive, notre avenir lui était indifférent, qu'il ne la concernait pas, qu'elle avait sa propre vie à mener. Elle était tout pour moi, et j'ai eu l'impression qu'elle ne s'était jamais totalement engagée, que son affection et sa tendresse étaient superficielles. Elle ne faisait qu'exercer son métier. Je me sentais flouée[2].

---

1. Après Le Mans, l'OSE propose à Lotte de s'occuper du foyer de la rue Rollin où se trouve une partie des enfants de Buchenwald, mais aussi des jeunes travailleurs dont la réinsertion est difficile. Elle doit alors confronter ses idées à la réalité de la déportation. Lorsque le foyer ferme ses portes en 1950, elle change complètement de métier.

2. Annette et Lotte sont restées en contact jusqu'au suicide de Lotte en novembre 1984 à quatre-vingt-deux ans. Elle se suicide après avoir appris qu'elle risquait de perdre la vue. Pour comprendre ce personnage hors du commun, il faut lire ses mémoires, Lotte Schwarz, *Je veux vivre jusqu'à ma mort*, Seuil, 1979 (épuisé).

Albert décida de partir dans un foyer d'étudiants de l'OSE, près de Paris.

Tout s'en allait à la dérive. Sans lui, je ne pourrais plus rester au Mans. J'écrivis à mon père, le suppliant de me reprendre à la maison.

Le matin du départ d'Albert, le ciel était orageux. Le directeur s'était absenté en ville. Albert m'avait rejointe dans le verger, séparé du parc par des hautes haies. J'étais angoissée. Il m'a prise dans ses bras. « Albert, Albert, murmurais-je, ne m'oublie pas. » La pluie s'est mise à tomber. Nous sommes rentrés au château.

Quelques jours après le départ d'Albert, je suis revenue à la maison, chez mon père, rue de l'Avenir, que j'avais quittée le matin du 16 juillet 1942. L'appartement paraissait tout petit, pauvre et désolé. Il y avait des lits de fer avec des couvertures kaki de l'armée américaine. Une armoire en bois blanc. Cela donnait une impression de campement et de provisoire. Je me sentais comme une étrangère.

J'avais quitté Lotte et Albert. J'ai abandonné le lycée, le piano et me suis mise à travailler avec mon père et mes frères à l'atelier. J'allais avoir quinze ans. Tout était terminé et tout recommençait.

« Pour l'éditeur, le principe est d'utiliser des papiers composés de fibres naturelles, renouvelables, recyclables et fabriquées à partir de bois issus de forêts qui adoptent un système d'aménagement durable. En outre, l'éditeur attend de ses fournisseurs de papier qu'ils s'inscrivent dans une démarche de certification environnementale reconnue. »

Édité par la Librairie Générale Française - LPJ
(43 quai de Grenelle, 75905 Paris Cedex 15)

Composition Nord Compo
Achevé d'imprimer en Espagne par CPI
Dépôt légal 1re publication novembre 2014
30.0003.7/01 - ISBN : 978-2-01-002373-9
Loi n° 49-956 du 16 juillet 1949 sur les publications destinées à la jeunesse
Dépôt légal : novembre 2014